OCTAVE FOUQUE

HISTOIRE

DU

THÉATRE-VENTADOUR

— 1829-1879 —

OPÉRA-COMIQUE — THÉATRE DE LA RENAISSANCE — THÉATRE-ITALIEN

Auber, Hérold, Adam, Halévy, *Zampa*, *Fra-Diavolo*, V. Hugo, Scribe,
A. Dumas, Donizetti, Lablache, Tamburini, Mario, F. David et *le Désert*,
Rossini et le *Stabat*, Verdi, Richard Wagner, Tamberlick, E. Rossi,
Capoul, Mmes Alboni, Viardot-Garcia, Frezzolini, de Lagrange,
Cruvelli, Penco, A. Patti, Krauss, etc., etc.

DE BENE
MERITA
S & Fᵉ

PARIS

G. FISCHBACHER, ÉDITEUR

33, RUE DE SEINE, 33

1881

HISTOIRE

DU

THÉATRE-VENTADOUR

Le présent volume a été tiré à deux cents exemplaires.

DU MÊME AUTEUR

Michel Ivanovitch Glinka, *d'après ses Mémoires et sa correspondance,* 1 vol. in-8°, avec portrait et autographe. . . . . Prix.   3 fr.

OCTAVE FOUQUE

HISTOIRE

DU

THÉATRE-VENTADOUR

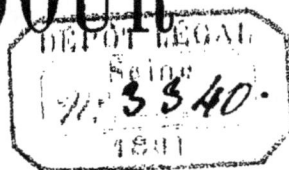

— 1829-1879 —

OPÉRA-COMIQUE — THÉATRE DE LA RENAISSANCE — THÉATRE-ITALIEN

Auber, Hérold, Adam, Halévy, *Zampa*, *Fra-Diavolo*, V. Hugo, Scribe,
A. Dumas, Donizetti, Lablache, Tamburini, Mario, F. David et *le Désert*,
Rossini et le *Stabat,* Verdi, Richard Wagner, Tamberlick, E. Rossi,
Capoul, Mmes Alboni, Viardot-Garcia, Frezzolini, de Lagrange,
Cruvelli, Penco, A. Patti, Krauss, etc., etc.

PARIS

G. FISCHBACHER, ÉDITEUR

33, RUE DE SEINE, 33

1881

HISTOIRE

DU

THÉATRE-VENTADOUR

I

CONSTRUCTION, INAUGURATION DU THÉATRE

Lorsque en allant de la place des Victoires vers le boulevard des Capucines, on traverse dans sa longueur la rue
Neuve–des-Petits-Champs, on aperçoit à sa droite, entre les
numéros 44 et 46, une bâtisse qui occupe le milieu d'une
place assez étroite. La façade qu'on a devant soi mesure une
trentaine de mètres environ. Elle présente au rez-de-chaussée
neuf arcades d'égale ouverture, ornées de colonnes engagées
dans les pieds-droits. Les fenêtres du premier étage, élégam-
ment ornées, sont aussi séparées par des colonnes encastrées
dans le mur, mais celles-ci sont d'ordre ionique, tandis que
les premières appartiennent à l'architecture dorique. Au-dessus
de l'attique, un étage plus simple; au-dessus encore, des mansardes qu'à l'heure présente les ouvriers sont en train de
construire. .
Cette façade a une histoire : avant de servir d'enseigne à la
Banque d'escompte de Paris, elle a longtemps et noblement
supporté les figures en pierre des sœurs d'Apollon. Au bas de
ce perron, toutes les élégances parisiennes ont passé. Trois

fois par semaine, l'hiver, pendant vingt-cinq ans, un garde municipal à cheval venait se poster au coin de la rue Neuve-des-Petits-Champs, et voyait défiler devant lui la foule des voitures aux armoiries étincelantes. Les grandes dames des deux faubourgs, encapuchonnées dans leurs sorties de bal, en descendaient, accompagnées de ce que la capitale du monde civilisé renferme d'hommes distingués par le rang, l'esprit ou la fortune. Ce mouvement de fashion et de luxe continuait aux abords de l'édifice, les uns entrant, les autres sortant, depuis huit ou neuf heures du soir jusqu'à onze heures et demie. Puis les équipages s'éloignaient, chargés de leur précieux fardeau, et la façade, brillamment illuminée quelques instants auparavant, disparaissait dans l'ombre à peine éclairée par les feux des réverbères.

Faisons le tour du monument. Nous longeons une façade latérale de même style que la façade antérieure, quoique moins ornée, et présentant treize ouvertures en arcades, avec cette particularité que les trois arcades qui occupent le milieu sont plus hautes et plus larges que les autres. Au bout d'une cinquantaine de mètres, et regardant la rue de Choiseul, autre façade, celle-ci sans aucune prétention à l'effet architectural ; trois arcades seulement, au-dessus desquelles on lit ces mots : LA FONCIÈRE. Ici, au coin, sous cette petite porte, ont passé quelques-uns des génies les plus célèbres de ce temps : Auber, dans tout l'éclat d'une jeunesse élégante et féconde; Rossini, jeune aussi et déjà fatigué de gloire ; Donizetti, Verdi, Richard Wagner. Là, Herold vit *Zampa* expirer entre les mains d'une administration théâtrale aux abois. Victor Hugo y vint un jour, jetant en pâture à la foule ce chef-d'œuvre de poésie qui s'appelle *Ruy Blas.*

Voilà, certes, un passé qui en vaut un autre. Que reste-t-il de toute cette gloire? Quatre plaques au coin de quatre rues, portant en lettres blanches sur un fond bleu : Dalayrac, Méhul, Marsollier, Monsigny. Et l'étranger se demandera bientôt pourquoi ce nom de littérateur et ces noms de musiciens autour d'un établissement de crédit! Au moment où le théâtre Ventadour vient de rendre le dernier soupir, il nous a paru intéressant de rechercher quelle fut son histoire; et de dire une partie de ce qu'ont vu et entendu ces quatre murs, où les réunions mondaines seront désormais remplacées par des assemblées d'actionnaires, le frou-frou des robes de soie par le froissement des billets de banque, et la musique des maîtres par le tintement uniforme des louis d'or et des pièces d'argent.

Reprenons les événements à l'origine. Au mois de novembre 1823, les artistes chanteurs et acteurs du théâtre royal de l'Opéra-Comique, réunis chez M⁰ Guichard, avocat, l'un des conseils de leur administration, rédigèrent la pièce suivante : **1823**

Ce jourd'hui...........

Les soussignés, tous composant la Société des artistes dramatiques du Théâtre royal de l'Opéra-Comique, réunis en assemblée générale dans la salle ordinaire des délibérations, près le dit théâtre, rue Feydeau,

Convoqués par M..... (le duc d'Aumont, premier gentilhomme de la chambre du Roi) à l'effet de délibérer sur la situation des affaires de ladite Société et arrêter les mesures à prendre pour sortir de l'état critique où elle se trouve ;

Considérant que, par une suite de contrariétés et de malheurs inutiles à détailler, la Société se trouve en ce moment grevée d'une masse de dettes (1) et charges telles qu'il lui est impossible, non seulement d'y faire face quant à présent, mais même d'espérer de jamais parvenir par la suite à les supporter, encore moins à les éteindre ou diminuer ;

Que quelques efforts que fassent journellement les sociétaires pour élever leurs recettes, et quelques privations qu'ils s'imposent, ils ne voient que trop clairement que le service de leur théâtre est prêt à manquer d'un jour à l'autre par la multiplicité des engagements et des dettes exigibles qui les pressent de toutes parts, et que ce service se serait déjà arrêté depuis plusieurs mois sans les secours extraordinaires que la bonté du Roi a daigné leur accorder ;

---

(1) Ces dettes étaient, au 1ᵉʳ août 1823, de 307,720 francs, dont voici le détail :

Au caissier, pour balance de la caisse au 30 juillet . Fr.	32.800
A divers fournisseurs sur mémoires (somme réductible)...	24.300
Pour réparations et embellissements de la salle.	6.000
A l'administration de l'usine royale (gaz)	10.000
Pour emprunts faits à divers. . . . . :	51.650
19,250 francs remboursables en deux années par portions égales de six mois avec les intérêts à 5 0/0 l'an, à M. Juillet Chenard, Mmes Gavaudan et Desbrosses, créanciers en vertu de l'acte du 8 thermidor an IX. . .	19.250
A S. E. le ministre de la Maison du Roi, pour amortissement du prêt qu'il a daigné consentir à la Comédie. . .	87.500
A la caisse sociale du théâtre pour prélèvements faits. . .	76.220
Total . . . . Fr.	307.720

Considérant que ce n'est qu'à l'aide de cette assistance et de l'administration provisoire (1) qui leur a été donnée, que leur théâtre existe encore en ce moment ;

Mais sentant bien que cette assistance extraordinaire ne peut se prolonger indéfiniment, et convaincus qu'il leur est impossible d'exister plus longtemps en régime social, ainsi qu'ils avaient été organisés par l'acte de société passé par leurs prédécesseurs le huit thermidor an IX, ayant en conséquence très humblement fait proposer à S. Exc. le ministre de la Maison du Roi de renoncer entre ses mains à la qualité de sociétaires, pour recevoir de lui telle organisation qu'il jugerait convenable, et leur proposition ayant été favorablement accueillie,

Tous les susnommés et soussignés déclarent et réitèrent se démettre entre les mains de S. Exc. le ministre de la Maison du Roi, représenté par M....., ce acceptant, de leur qualité de sociétaires, renoncer à tous les droits résultant de l'acte de société passé entre leurs prédécesseurs, le 8 thermidor an IX, devant Me Pérignon, notaire à Paris, ainsi qu'à tous ceux résultant des actes postérieurs y faisant suite.....

Et ce néanmoins à la condition expresse que chacun des sociétaires soussignés s'engage à parachever le terme de service théâtral auquel il était tenu par ses obligations sociales, sous la foi des stipulations et conditions suivantes que M...... a promis de faire agréer par S. Exc. le ministre de Sa Majesté :

1° Que S. Exc. se charge de leur donner telle organisation nouvelle qu'il jugera leur convenir, en telle sorte qu'ils conserveront toujours le titre de *Comédiens de Sa Majesté*, ainsi que l'exercice de leurs emplois actuels, avec un traitement au moins égal à celui dont ils jouissent actuellement ou auquel ils ont droit, comme aussi avec les accroissements proportionnels auxquels ils avaient droit d'après

---

(1) Une décision du Roi, en date du 25 septembre 1823, portait que le théâtre de l'Opéra-Comique serait provisoirement, jusqu'au 1er avril de l'année suivante, administré à la charge de la liste civile par une commission nommée à cet effet. Cette commission, composée de MM. le baron de la Ferté, intendant des théâtres royaux; d'Isy, commissaire royal près l'Opéra-Comique; Duverger, régisseur; d'Est, caissier; Garot, secrétaire, était investie de tous les pouvoirs et chargée de toutes les obligations des administrateurs sociétaires qu'elle remplaçait. L'Opéra-Comique, du reste, demeurait sous l'autorité du ministre de la Maison du Roi (M. de la Bouillerie), de l'un des premiers gentilshommes de la chambre (le duc d'Aumont) et de l'intendant des théâtres royaux. En même temps qu'il signait l'ordonnance du 25 septembre, le Roi accordait à son second théâtre un secours de 25,000 francs.

la teneur des actes et règlements ; qu'enfin le traitement fixe soit des deux tiers et le traitement éventuel du tiers ;

2° Qu'ils conserveront également leurs pensions acquises, ainsi que celles qu'ils étaient appelés à recevoir lors de leur retraite future, d'après les règlements existants ;

3° Qu'ils conserveront également leur droit à retirer leurs mises sociales et parts de retenues, ainsi qu'ils y auraient eu droit en demeurant en société d'après la teneur des mêmes règlements ;

4° Que Sa Majesté voudra bien se charger de l'acquittement de toutes les pensions dues et acquises aux anciens sociétaires retirés, ainsi qu'à tous autres artistes, agents et employés du théâtre ;

5° Qu'enfin Sa Majesté voudra bien également pourvoir à l'acquittement de toutes les dettes et charges quelconques de la société, de manière qu'aucun des soussignés n'en puisse être aucunement inquiété ni molesté..... (1).

La réponse à cette sorte de supplique fut une ordonnnance royale, daté du 30 mars 1824, qui déclarait acceptée la renonciation des sociétaires à leurs droits administratifs, sous les conditions indiquées par eux. Louis XVIII se montrait bon prince, comme on voit, et ne marchandait ni sa protection ni l'argent de la liste civile.

Déjà une ordonnance de 1820 avait assuré aux artistes de l'Opéra-Comique le titre de *Comédiens royaux*, ainsi que le payement des appointements et pensions auxquels chacun d'eux avait droit d'après l'acte de Société. Mais par la décision du 30 mars, l'union devenait plus intime entre la maison du roi et les acteurs. Ceux-ci, renonçant à tout acte d'administration, étaient par là même dégagés de toute responsabilité ; et le roi, consentant à s'occuper de leurs affaires, devenait pour ainsi dire le chef de cette famille longtemps malheureuse, le père de ces grands enfants. Investi d'une autorité nouvelle sur ses artistes, il assumait aussi, matériellement et moralement, de nouvelles et plus lourdes charges.

Parmi celles-ci, la royauté considéra comme une des plus pressantes le soin de loger l'Opéra-Comique. Les artistes de ce théâtre exploitaient alors dans une salle qui menaçait ruine le genre que déjà, avant Auber, Herold et Adam, on appelait « éminemment national ».

« Vous savez, écrit le duc d'Aumont au ministre de la maison du roi, le 21 novembre 1826, que lors de la représentation

1823

1824

1824
à
1826

(1) *Archives nationales*, O³, 1761.

donnée gratis pour la Saint-Charles, la police n'a pas voulu, par une précaution fort sage, que la salle Feydeau fût remplie de spectateurs. »

Nous lisons dans un rapport de la même date, ou postérieur de très peu :

« Le terme de deux années a été rigoureusement fixé pour la fermeture de la salle Feydeau, qui probablement ne pourra atteindre cette époque qu'au moyen de réparations coûteuses et dont l'espèce, en effrayant le public, peut apporter le plus grand préjudice au théâtre, puisque pour prévenir l'écartement des murs il est question de faire traverser la salle par de forts tirants en fer (1). »

Le roi ne pouvait laisser ses comédiens sans abri, l'Opéra-Comique sans asile. Il devait à la nation, il se devait à lui-même d'offrir un toit à tout ce personnel si intéressant, placé sous sa protection immédiate, et à qui il avait solennellement promis le vivre et le couvert. La chose était d'ailleurs dans les traditions monarchiques. Louis XVI avait autrefois donné un terrain aux chanteurs de l'Opéra-Comique ; les événements de la Révolution empêchèrent les artistes de profiter de cette libéralité. Ils furent dépouillés de leur emplacement, sur lequel s'éleva la salle Favart, qu'actuellement l'État prêtait sans rétribution d'aucune sorte au Théâtre-Italien, tandis que les artistes de Feydeau allaient se trouver sans un local où ils pussent exercer leur industrie. On résolut donc, dans les conseils de la couronne, de construire un nouveau théâtre d'opéra comique.

Il fallait déterminer d'abord le lieu où s'élèverait ce monument de la munificence royale. On parla du boulevard Bonne-Nouvelle, de la rue Notre-Dame-des-Victoires, où il était facile d'ériger un théâtre qui eût fait face à la Bourse, du pavillon de Hanovre. Pour des raisons diverses, ces propositions furent tour à tour écartées. On trouva enfin à traiter avec une société de banquiers alors connue sous le nom de Compagnie Mallet. Cette association avait son siège rue de la Chaussée-d'Antin, et comptait parmi ses principaux membres MM. Mallet frères, Lemercier de Nerville, Duménil, etc. Elle était propriétaire de terrains dépendant de l'ancien ministère des finances, situé rue Neuve-des-Petits-Champs, et

(1) *Arch. nat.*, O³, 1762.

à travers lesquels une ordonnance du mois de janvier 1825 avait décidé le percement d'une nouvelle rue, destinée, sous le nom de rue Neuve-Ventadour, à relier la rue Neuve-des-Petits-Champs et la rue Neuve-Saint-Augustin. Le théâtre aurait été élevé sur le côté droit de la rue, et pouvait s'étendre sur un vaste emplacement. Une objection capitale fit avorter ce projet; le monument ainsi placé n'aurait point été isolé conformément aux règlements de police. Les Mallet offrirent alors de transformer une partie de la rue Neuve-Ventadour en une place quadrangulaire au centre de laquelle s'élèverait la salle projetée. Cette disposition parut satisfaire à toutes les exigences; et le 19 juillet 1826, un contrat fut passé entre Ambroise-Polycarpe de la Rochefoucauld, duc de Doudeauville, pair de France, ministre de la maison du roi, et les banquiers de la Chaussée-d'Antin. Par cet acte, la couronne devenait propriétaire, au prix de dix-sept cent mille francs, du terrain offert par la Compagnie Mallet, laquelle s'engageait en outre à faire les fonds de la construction projetée. La dépense avait été fixée à la somme de deux millions, que MM. Mallet promettaient de tenir à la disposition du ministre, à titre de crédit. Le remboursement des sommes prêtées, y compris les intérêts, se ferait par annuités, dans l'espace de huit ans. La Compagnie Mallet s'était taillé la part du lion, et stipulait en sa faveur, après beaucoup d'autres avantages, nombre de loges et d'entrées gratuites dans le futur théâtre royal.

Il fut décidé que la rue s'élargirait de façon à assurer les dégagements de la nouvelle salle de spectacle (1); puis on fit appel aux architectes. Une sorte de concours eut lieu; en voici le résultat, d'après le rapport de MM. de Gisors, Molinos, Norry, qui composaient le comité consultatif des bâtiments civils :

Cinq projets ont été présentés et transmis par le ministre à l'intendant des bâtiments de la Couronne, pour être mis sous les yeux du Comité consultatif : un de M. de Guerchy, architecte de l'administration du théâtre Feydeau; trois de M. Duquesney, et le cinquième de M. Huvé, architecte du roi.

Projet de M. de Guerchy. — Les différents besoins et services

---

(1) La Ville de Paris, représentée par son conseil électif, voulut prendre part aux dépenses occasionnées par cet élargissement : une somme de 500,000 francs fut votée à cet effet (août 1826).

— 8 —

— 8 —

**1824
à
1826**

y sont prévus et indiqués. On voit que l'auteur connaît bien les détails du théâtre pour ces parties; mais sous le rapport de l'art et de la construction, le projet est loin d'être satisfaisant.

La seconde esquisse de M. Duquesney offre des dispositions heureuses, notamment celle des trois vestibules, dont un est destiné aux personnes venant en voiture, qui y descendraient à couvert, et deux autres aux personnes venant à pied.

Le projet de M. Huvé est le plus satisfaisant sous tous les rapports. L'auteur, qui a présenté ce projet sur l'ordre du roi, n'a eu que huit jours pour l'exécuter. Néanmoins on trouve dans ses dispositions générales des plans de combinaisons satisfaisantes, de la régularité, des communications faciles. Les élévations présentent un style d'architecture approprié à la destination de l'édifice et au caractère qu'il doit avoir (1).

D'après les conclusions de ce rapport, la construction de la nouvelle salle Ventadour fut confiée à l'architecte Huvé. Seulement, comme M. de Guerchy faisait depuis assez longtemps déjà les fonctions d'architecte de l'Opéra-Comique, et avait à ce titre rendu quelques services; comme son projet témoignait d'une connaissance réelle et assez approfondie des habitudes, des besoins d'un théâtre; comme enfin il était cousin du duc d'Aumont, on imagina d'associer les deux artistes ; Huvé fut nommé directeur, et de Guerchy, directeur-adjoint des travaux, avec le droit et le devoir de donner son avis, toutes les fois qu'il serait nécessaire, sur les questions spéciales qu'il paraissait avoir plus particulièrement étudiées.

Un détail qui paraît dans cette affaire avoir préoccupé au plus haut point le comité, le ministère, les architectes, est celui du passage à couvert à établir pour les voitures. Offrir aux équipages et à leurs propriétaires un abri sûr, élégant et commode, sans nuire à aucun des services et sans entraver la circulation des spectateurs moins fortunés qui vont et viennent à pied, c'est là une des questions les plus embarrassantes que soulève la construction d'un théâtre. La solution la plus heureuse paraît être jusqu'ici celle trouvée par M. Charles Garnier pour l'Opéra de Paris : un superbe pavillon latéral, percé d'une voie large et spacieuse, s'ouvre aux équipages, qui s'arrêtent à couvert, tandis que le perron de la façade offre aux piétons son immense développe-

_____

(1) *Archives nationales*, O³, 1762.

ment. Mais, toute question de talent à part, il est rare qu'un architecte dispose de l'espace et des millions qui ont été attribués à la construction de notre Académie de musique. Place Ventadour, notamment, les rues qui devaient entourer l'édifice projeté étaient beaucoup trop étroites pour que rien de pareil pût être même entrevu. Cependant l'administration ne voulait pas laisser le public élégant descendre de voiture sur le perron, s'exposer au froid de l'hiver, moins terrible encore pour les personnes que la pluie et la boue pour les fraîches toilettes des dames ; elle tenait absolument à éviter les auvents, marquises et autres abris disgracieux qui défigurent si malheureusement la façade des plus beaux théâtres. Avant toute esquisse, avant toute commande, on décida — ce fut comme une des conditions du concours — que les équipages se frayeraient une route à travers le théâtre même ; en même temps et pour éviter tout encombrement, une galerie souterraine devait être creusée, qui mènerait du vestibule du théâtre au milieu du passage Choiseul et faciliterait l'écoulement des piétons.

Restait à savoir quelle direction prendrait ce chemin couvert. L'un des projets présenté par Duquesney semble indiquer une solution préférable à celle qui a prévalu. Ce dessin proposait pour la façade antérieure une ligne courbe qui ne manquait pas d'élégance. Au milieu de cette façade seraient entrées les voitures qui suivaient une autre ligne courbe obliquant à gauche et sortant du théâtre par côté, sur un point situé à peu près vers le premier tiers de la façade latérale, tandis que le chemin indiqué aux piétons allait vers la droite sur le même plan, du vestibule du théâtre au passage Choiseul.

Huvé eut recours à d'autres moyens : il fit passer les équipages au beau milieu de son monument ; et c'est la nécessité de ménager cette entrée aux heureux de ce monde qui a amené dans les faces latérales la construction des trois arcades hautes et larges dont nous avons parlé. Qu'arriva-t-il ? Ce passage se trouva être juste au-dessous de l'orchestre : tous les spectateurs n'étant pas absolument exacts, et les gens à voiture l'étant moins que les autres, le bruit des roues, des chevaux, les cris des cochers, tout ce mouvement qui bourdonne à la porte d'un théâtre se faisait clairement entendre dans la salle pendant la représentation, dont une grande partie était ainsi troublée. Il fallut bientôt renoncer au passage intérieur des voitures, qui fut fermé ainsi que le souterrain qui menait à la galerie Choiseul ; et la marquise tant redoutée s'installa au-dessus du perron de la façade.

Nous n'insisterons pas davantage sur tous les détails des discussions et actes préliminaires : relevons-y seulement ce passage curieux d'une lettre écrite par le duc d'Aumont au duc de Doudeauville (22 mai 1826), pour presser la décision royale relative à la construction du nouveau théâtre d'opéra comique. Après avoir dit que Louis XVIII a sauvé les acteurs de la ruine par son ordonnance du 30 mars 1824, le premier gentilhomme de la chambre ajoute :

« S. M. Charles X peut achever cet ouvrage en achetant un local indispensable. Aussitôt que cet emplacement sera acquis, on construira une salle pour la deuxième scène lyrique du Royaume, qui, sans cet acte de bonté et de munificence, se trouvera bientôt sans asyle.

» Cette dépense deviendra utile à la liste civile, qui recevra les intérêts de ses avances et deviendra propriétaire d'un immeuble représentant un capital de quatre millions, d'un produit annuel de quatre-vingt-dix mille francs, et qui ne lui aura réellement coûté que douze cent mille francs, payables en huit ans ! (1) »

Le duc d'Aumont, homme généreux à coup sûr et ami des arts, imaginait parfois de ces fantaisies financières, où ses désirs prenaient la place des réalités, et où les chiffres dociles s'arrangeaient de façon à produire avec des facteurs insignifiants de fabuleux totaux. L'érection du théâtre Ventadour, l'aimable duc eut plus tard tout le loisir de s'en convaincre, fut un acte d'administration déplorable ; tout ce qu'on peut dire pour le défendre, c'est qu'il était un témoignage non équivoque de la sollicitude du roi envers les arts en général et l'Opéra-Comique en particulier.

Les travaux, commencés le 28 novembre 1826, furent achevés seulement au mois d'avril 1829. Cet intervalle avait vu se produire plus d'un événement notable. Plusieurs essais de réorganisation avaient été tentés dans l'administration du théâtre royal de l'Opéra-Comique ; mais tous avaient été infructueux. Il est difficile de donner une idée du désordre qui régna pendant quelques années dans cet établissement.

---

(1) *Archives nationales*, O³ 1773.

Les ordonnances royales, la surveillance du ministre de la maison du roi, le remplacement du directeur Bernard par M. de Gimel, commissaire royal, autant de remèdes insuffisants. Mille abus se perpétuaient dans les coulisses. Les acteurs de l'Opéra-Comique, en sollicitant l'ordonnance du 30 mars 1824, avaient bien entendu renoncer à l'administration, à ses charges, à ses ennuis, à ses périls ; mais ils n'avaient pas cessé de se considérer comme sociétaires. Le régime directorial leur pesait comme un joug ; l'autorité des fonctionnaires dont ils avaient eux-mêmes réclamé le patronage leur faisait l'effet d'une odieuse tyrannie. A tout instant, on les voyait réclamer l'exécution de tel ou tel article du contrat du 8 thermidor, et répondre à une ordonnance du roi par une demande de résiliation en masse. Quelques-uns, comme Mmes Boulanger et Michu, les sieurs Ponchard et Vizentini, avaient droit, par traité, à des appointements fixes, et cela sans abandonner le titre et la qualité de sociétaires, mais en accordant seulement qu'ils n'en jouiraient que sous le rapport des prérogatives et des honneurs : présence aux assemblées générales, assemblées ou lectures. Comment se reconnaître au milieu de ce chaos ? L'Opéra-Comique était-il constitué en société ou en régie ? Impossible de le déterminer. Dans le premier cas, quel était le genre de société qu'avaient entendu fonder les signataires de l'acte de thermidor : une société en commandite ou en nom collectif ? Question difficile, sur laquelle les jurisconsultes versaient les flots de leurs consultations sans parvenir à la résoudre.

Une seule chose était claire : le déficit de la caisse du théâtre. Les recettes baissaient. L'immense et retentissant succès de *la Dame blanche*, au bout de trois ans, commençait à s'épuiser. La dette flottait toujours entre trois cent mille et trois cent dix mille francs. Le théâtre ne pouvant payer, la maison du roi devenait responsable de cet énorme passif : les créanciers ne se gênaient pas pour assigner le duc d'Aumont ; le papier timbré pleuvait sur le ministère de l'intérieur, sur la maison du roi, sur l'intendance générale des théâtres, et à tout instant le nom de Charles X était traîné à la barre des tribunaux.

Il n'y avait qu'un remède à un pareil état de choses : le retour formel au régime dictatorial, et la nomination d'un directeur. Mais où trouver un entrepreneur assez osé pour se charger d'une situation aussi embarrassée ? Cet administrateur aurait, il est vrai, le bénéfice de la curiosité que devait exciter l'ouverture de la nouvelle salle, de laquelle on disait déjà merveilles. Mais ici encore des difficultés surgissaient. Quitter le théâtre Feydeau n'était pas pour l'Opéra-Comique aussi simple qu'on l'eût pu croire. Les comédiens occupaient cette salle en vertu d'un bail qui ne devait prendre fin qu'en 1832. Il était donc tout d'abord indispensable de désintéresser les propriétaires. Mais ceux-ci n'étaient pas seulement maîtres de l'immeuble : ils étaient en possession incontestée du mobilier, de la plupart des décorations, costumes, collections de musique, copies de rôles, en un mot du matériel presque tout entier, évalué dans l'acte de location à la somme de 161,800 francs. Ils élevaient même des prétentions sur quelques pièces du répertoire, qu'ils prétendaient leur appartenir.

Il est vrai que si les comédiens allaient jusqu'à la fin de leur bail, ils n'étaient tenus de représenter, en place du matériel, qu'une somme de quatre-vingt mille francs. Céder leur droit à la jouissance, ils n'y pouvaient songer; l'acte de bail le leur interdisait et les obligeait à exploiter journellement et continuellement le théâtre, sauf les relâches accoutumées et celles nécessitées par des changements ou embellissements. La durée de celles-ci était d'ailleurs prévue et ne pouvait dépasser certaines limites sans donner lieu à des indemnités. Ce n'est pas tout : deux maisons contiguës au théâtre, dans la rue des Colonnes, avaient été louées aux comédiens sous des conditions analogues, et aussi deux magasins situés rue de Provence. Tous les baux engageaient les signataires jusqu'à l'année 1832; à l'expiration de ce terme, les locataires devaient remettre les lieux en l'état, opération qui représentait, rien que pour les deux maisons de la rue des Colonnes, une dépense de quarante mille francs.

Deux circonstances, si elles venaient à se produire, eussent levé les difficultés qui étaient à redouter de la part des propriétaires de Feydeau : la dissolution de la Société, ou la fermeture de la salle par ordre de police, pour cause d'insécurité. La première libérait les sociétaires, mais découvrait entièrement la maison du roi, qui se voyait tenue de payer immédiatement toutes les dettes : on ne s'arrêta pas à ce faux-fuyant. Quant à la solidité de la salle, les architectes et les experts, convoqués à plusieurs reprises, déclarèrent que l'immeuble, moyennant quelques réparations dont les plus essentielles avaient été déjà exécutées, pouvait tenir sans danger jusqu'à l'expiration du bail.

C'est le duc d'Aumont qui avait imaginé d'avoir recours à ces expédients, déclarés impraticables ; il ne se tint pas pour battu et proposa la combinaison suivante : transporter l'Opéra-Comique à la salle Ventadour dès qu'elle serait achevée, et tout aussitôt établir à Feydeau une seconde troupe royale qui exploiterait jusqu'en 1832 aux lieu et place de la première. Les historiens du Théâtre-Lyrique ne savent peut-être pas qu'en 1828, vingt ans avant la création du théâtre dans lequel Adolphe Adam engloutit sa fortune et ruina sa santé, Paris a failli, grâce au duc d'Aumont, homme influent et fécond en ressources, être doté de cette scène qui nous manque encore aujourd'hui. Déjà quelque temps auparavant un groupe de compositeurs, désireux de travail et de gloire, avait réclamé une place au soleil de l'art lyrique ; mais la pétition de ces jeunes gens s'était perdue dans le silence des bureaux. La circonstance que nous relatons montre pour la première fois, croyons-nous, un projet de Théâtre Lyrique présenté avec l'appui formel de l'autorité. Comme tous les devis du financier gentilhomme, la nouvelle combinaison devait procurer aux théâtres une augmentation de recettes et à la maison du roi l'encaissement de revenus considérables.

On se récria de toutes parts. La principale cause de l'acte du 8 thermidor an IX, disait-on, avait été la nécessité où les artistes du théâtre Feydeau et ceux du théâtre Favart s'étaient vus de se réunir en une seule troupe « attendu que la concurrence de deux spectacles du même genre était ruineuse pour l'un comme pour l'autre ». C'est aussi l'opinion qu'avaient émise les sociétaires en 1823, lorsque le théâtre de l'Odéon avait sollicité du ministère un second privilège d'opéra comique. Le théâtre de la rive gauche avait cependant obtenu l'autorisation de jouer les opéras comiques tombés dans le domaine public. Et ce n'était pas là la seule concurrence dont les artistes de Feydeau eussent à se plaindre. Les pièces jouées au théâtre de Madame et dans la petite salle des Nouveautés, qui venait de se créer sur la place de la Bourse, touchaient parfois de bien près au genre dont ils avaient l'exclusif privilège. Pouvait-on espérer la réussite d'un nouveau théâtre d'opéra comique, alors que tant de scènes s'ouvraient à la musique légère, et qu'à deux pas de Feydeau les Italiens montraient une si brillante réunion de talents exceptionnels ? D'ailleurs la proposition du duc d'Aumont devait tomber devant une objection capitale et à laquelle il eût été difficile de répondre : la liste civile avait peine à soutenir un théâtre d'opéra comique ; le moment était-il bien choisi pour lui en imposer un second ? Le noble duc était en avance : les temps du Théâtre-Lyrique n'étaient pas venus.

Il paraissait beaucoup plus sage, pour le moment, de chercher à constituer sérieusement le théâtre de l'Opéra-Comique, et à lui trouver un directeur. Plusieurs candidats se présentaient : le choix du duc d'Aumont s'arrêta sur un sieur Ducis (Paul-Auguste), ancien colonel. L'affaire s'arrangea entre les acteurs sociétaires, Ducis et la liste civile, sur les bases suivantes :

1° La Société de l'Opéra-Comique était formellement et irrévocablement dissoute ;

2° Le privilège accordé à cette Société par le décret du 8 juin 1806 d'exploiter, à l'exclusion de tout autre théâtre de la capitale, le genre de l'opéra comique, passait entre les mains de Ducis ; les charges, conditions et avantages d'usage suivaient, bien entendu, ce privilège qui pouvait, en cas d'événement imprévu, être attribué aux héritiers ou ayants cause de Ducis, ou même être cédé par lui à des tiers, à la charge seulement d'obtenir en faveur des concessionnaires l'agrément de la maison du roi. La durée du privilège était de trente années ;

3° Ducis s'engageait à payer les dettes de la Société dissoute, lesquelles se montaient à 317,000 francs ; à rembourser aux ci-devant sociétaires leurs fonds sociaux et le capital des retenues qu'ils avaient subies en vue des pensions de retraite ; il devait solder l'arriéré des appointements dus ; enfin il se chargeait du service des pensions et retraites acquises par les sociétaires aujourd'hui retirés aux termes des règlements du théâtre, en vertu de l'acte du 8 thermidor an IX ;

4° Pour aider le directeur à remplir ce dernier engagement, le roi promettait une subvention de 120,000 francs, avec réserve d'affectation spéciale au service des pensions et retraites. Le chiffre de ces pensions montait à une somme égale ; la subvention était donc, à l'actif de la direction, chose illusoire. On parlait beaucoup, il est vrai, du bénéfice que devaient procurer les extinctions à venir par le décès des retraités ; mais ce bénéfice était fort lointain, et nous ne voyons pas le chiffre total des pensions baisser en quelques années d'une façon sensible ;

5° La maison du roi devenait entièrement étrangère à l'administration du théâtre ; elle était dégagée de toute responsabilité, même pour les actes antérieurs, et Ducis promettait
de la couvrir en toute occasion ;

6° Enfin, la liste civile vendait au nouveau directeur la salle
Ventadour, encore inachevée, au prix de 2,600,000 francs, et
Ducis promettait de la terminer à ses frais, d'après des mar-
chés arrêtés à la somme de 1,400,000 francs.

Tels sont les faits qui ressortent de plusieurs actes passés
entre Ducis et les Sociétaires par devant Me Dalloz, notaire,
les 11, 12 et 13 août 1828 ; de lettres échangées à la même
époque entre Ducis et la maison du roi, et de divers arrêtés
ministériels.

La salle Ventadour, non encore achevée, coûtait à la liste
civile (1) :

Pour achat de terrains. . . . . Fr. 1.700.000 »
Achat d'un local dans le voisinage pour l'éta-
    blissement de magasins . . . . 170.000 »
Sommes payées sur le crédit de deux millions
    ouvert à S. M. par la Cie Mallet, depuis le 2
    février 1827, époque du premier paiement. . 1.453.295 95
Intérêts de cette somme, à partir du jour de
    chaque paiement, jusqu'au 2 août 1828. . . 38.320 37

TOTAL. . . . . . Fr. 3.361.616 32

Elle la revendait seulement deux millions six cent mille
francs. L'opération n'était pas brillante, comme on voit ; heureux cependant le ministère, si elle avait pu se conclure de
la sorte !

Ducis était loin d'avoir calculé les charges qu'il assumait en
prenant la direction de l'Opéra-Comique. Si l'on ne savait quel
attrait ce titre de directeur de théâtre exerce sur certaines
imaginations, et si l'histoire de nos spectacles lyriques n'offrait
assez fréquemment l'exemple de semblables folies, on se deman-
derait quelle hallucination oppressait le cerveau du colonel,
le jour où il signa les actes dont nous avons indiqué la teneur. Ducis obtenait un privilège, il est vrai, mais à condition de se mettre en lieu et place d'une Société obérée par
plusieurs années de ruineux exercices ; il garantissait en

---

(1) *Archives nationales*, O³ 1766.

même temps la maison du roi de l'effet de nombreux enga-gements pris peut-être à la légère. Il achetait une salle à un prix énorme, qui ne représentait pas moins de deux cent mille francs de loyer. Pour entrer dans cette salle, il devait s'attendre à un débours d'environ deux cent mille francs, sans compter les indemnités à payer aux propriétaires du théâtre Feydeau et de ses dépendances (maisons n°s 6 et 8 de la rue des Colonnes, magasins de la rue de Provence) (1). Au milieu de tout cela, il fallait continuer l'exploitation du théâtre, jouer tous les jours dans un local que le public délaissait, faire face, avec des recettes insuffisantes, aux mille frais d'une grande administration. Quant à la subvention royale, nous l'avons déjà montré, elle ne pouvait compter que pour mémoire, absorbée qu'elle était par les pensions et retraites, au service desquelles elle était affectée spécialement.

Aussi le nouveau titulaire du privilège de l'Opéra-Comique chercha-t-il longtemps sans les trouver les fonds nécessaires à l'exercice de son droit. Ducis n'avait oublié qu'un point : c'était d'éclairer sa lanterne. Au bout de six mois enfin, il mit la main sur un capitaliste qui consentit à prendre l'affaire, mais à des conditions qui modifiaient singulièrement la situation créée par les actes des 11 et 15 août 1828.

Boursault-Malherbe mériterait, dans un travail plus déve-loppé que celui-ci, un croquis à part. C'était une physionomie originale. Né en 1752, tour à tour acteur et directeur des théâtres de Marseille et de Palerme, fondateur du théâtre des sans-culottes — aujourd'hui Théâtre Molière — à Paris, député suppléant à la Convention nationale, délégué par cette assemblée en Vendée et dans plusieurs autres provinces, devenu enfin possesseur d'une grande fortune, adonné à l'hor-ticulture, amateur de plantes rares et de fleurs exotiques, si bien que son jardin de la rue Blanche était devenu l'un des plus beaux de l'Europe, Boursault avait encore, à près de quatre-vingts ans, toute la verdeur de la jeunesse. Il dépensait une incroyable activité dans une multitude d'en-treprises auxquelles, toujours épris des choses artistiques, il fut heureux d'ajouter une affaire théâtrale. Sa dernière campagne à la salle Molière avait été malheureuse; mais,

---

(1) Lettre du ministre de l'intérieur à Ducis (Archives nationales, O^3 1775).

pas plus que les acteurs, les directeurs ne renoncent volontiers à la scène, et quand, à un titre quelconque, on a goûté du théâtre, il est rare qu'on s'en détache de plein gré.

La vente de la salle Ventadour à Ducis par la liste civile fut résiliée d'un commun accord. Cette salle était maintenant vendue à Boursault pour le prix de 1,900,000 francs. La liste civile s'engageait à la terminer (1), ce que Ducis n'avait pu faire. Celui-ci conservait son privilège pour trente ans, mais un arrêté ministériel intervenait, qui déclarait que ce privilège ne pourrait être exploité que dans la salle Ventadour, propriété de Boursault.

Par un autre acte que le ministère allait approuver, le privilège même, dans le cas où Ducis viendrait à en interrompre l'exercice, devait passer aux mains de Boursault ou de ses ayants cause. La subvention était élevée de 120,000 à 150,000 francs ; le roi louait en outre six loges à l'année au prix de 30,000 francs, et cette clause était ajoutée, que le surplus de la subvention non atteint par le service des retraites, ainsi que cette nouvelle somme de trente mille francs, seraient, par affectation spéciale, destinés au paiement du loyer de la salle, et à l'exécution du bail consenti par Ducis à Boursault.

Ceci se passait au mois de février 1829 ; en mars, M. et Mme Boursault, acquéreurs solidaires de la nouvelle salle Ventadour, mettaient cette propriété en actions et constituaient une Société civile qui se trouvait substituée à leurs droits, mais dans laquelle cependant Boursault conservait une large part de capital et d'influence. Enfin le lundi de Pâques, 20 avril 1829, après les relâches ordinaires de la semaine sainte,

---

(1) Quelle différence au préjudice de la liste civile ! Nous trouvons dans les cartons des archives de la couronne une note qui donne en chiffres ronds le montant de la dépense faite à Ventadour :

Prix du terrain (acte du 4 août 1826). . . . . . Fr.	1.700.000
Autre terrain pour l'établissement de magasins. . .	170.000
Frais de construction	2.650.000
Intérêt des avances faites par la Compagnie Mallet . .	100.000
Total. . . . . Fr.	4.620.000

C'est cette valeur que l'on revendait moins de deux millions, sans compter les engagements qu'on prenait pour l'avenir !

1829 l'Opéra-Comique ayant quitté sa vieille salle de Feydeau, ouvrait les portes du théâtre Ventadour. Voici le programme de la première soirée :

LES DEUX MOUSQUETAIRES
Opéra comique en un acte, de Vial et Justin, musique de
BERTON
Joué par Henri, Lemonnier, Cavé, Féréol, Belnie, Étienne, Duchenet, Mme Casimir.

Ouverture du *Jeune Henri*, par l'orchestre.

LA FIANCÉE
Opéra comique en trois actes, de Scribe, musique de
AUBER
Joué par Tilly, Lemonnier, Chollet, Mmes Lemonnier, Pradher, Mariette.

Nous avons décrit en commençant l'extérieur du théâtre ; il est pareil à ce qu'on voit aujourd'hui, sauf les mansardes de l'étage supérieur. La façade principale était surmontée de huit statues représentant huit Muses ; on reprocha à l'architecte d'avoir choisi pour sujet les Muses alors qu'il n'avait que huit places à distribuer, ce qui le forçait à commettre une injustice envers le neuvième des personnages qui composent ce groupe consacré.

L'intérieur de l'édifice était fort beau et surprit le public, alors peu habitué à de telles magnificences. Un porche de huit pieds de profondeur menait à un large vestibule, plein d'air et de lumière ; à droite et à gauche, deux escaliers de marbre blanc, sur le modèle des escaliers du Louvre, mais plus petits et ornés de superbes colonnes qui soutenaient le plafond, conduisaient au premier étage. Là, d'un côté, se trouvait la salle ; de l'autre, le foyer, placé au-dessus du vestibule, dont il reproduisait les dimensions. Ce salon, parqueté de mosaïque, était orné des bustes de Grétry, Dalayrac, Méhul et Nicolo. Deux grandes cheminées en marbre éclataient de blancheur sous la lumière de sept lustres, que réfléchissaient et répercutaient des glaces magnifiques. Au milieu de l'admiration qu'excitaient ces splendeurs, une seule chose pouvait prêter à la critique : la peinture des murs, qui était blanc et or ; pourtant ce genre de décoration était moins répandu, par assurément moins banal que de nos jours. Le long du second rang des loges, à l'étage supérieur, on avait ménagé une sorte de tribune qui s'ouvrait sur le foyer et favorisait l'aération, tout en donnant à ce côté un aspect des plus pittoresques, lorsque, durant les entr'actes, les spectateurs des petites places venaient s'appuyer sur la balustrade qui les séparait de l'espace absorbé par le foyer.

La salle était construite sur un plan semi-circulaire, avec cinq rangs de loges, lesquelles étaient séparées de trois en trois par d'élégantes colonnes. Les loges d'avant-scène étaient richement décorées. Le plafond figurait un velum orné de peintures dans le goût de celles de Pompéi, ou de la salle actuelle du Conservatoire. Un beau lustre de cent becs de gaz répandait une abondante lumière. La décoration blanc et or reparaissait sur les balcons, qu'ornaient en outre des draperies figurées peintes en rouge. L'intérieur des loges était tapissé en vert; c'était aussi la couleur du rideau; le cramoisi n'avait pas encore triomphé sur toute la ligne. Les couloirs étaient suffisamment larges, les issues nombreuses et bien disposées. Tout paraissait élégant, commode et spacieux : un vrai théâtre royal. Les petits n'avaient pas été oubliés: les habitués du parterre de Feydeau trouvèrent leurs banquettes agrémentées d'un dossier dont ils durent d'autant plus savourer la douceur, qu'elle leur était inconnue auparavant; des améliorations du même genre avaient été introduites dans l'aménagement des galeries supérieures. De vastes calorifères chauffaient à la fois la salle et la scène.

Celle-ci avait treize à quatorze mètres d'ouverture, dimension plus grande que celle de l'Opéra d'alors, et sept plans en profondeur. Elle était séparée de la salle, selon les règlements de police, par un mur de refend et par une grille en fer, qu'on eût pu instantanément baisser en cas d'incendie. La sonorité malheureusement, n'était pas excellente; elle n'a jamais entièrement satisfait les chanteurs, malgré l'avancement du *proscenium* qui a été décidé en 1832.

Ce fut une belle soirée que celle qui vit s'ouvrir le théâtre Ventadour. Directeurs, artistes et amateurs crurent un moment à la renaissance si désirée de l'opéra comique. « L'or attire l'or », disait-on; si ce quasi-adage était vrai, on pouvait espérer pour le genre national, si luxueusement logé, une série de visiteurs qui eût ramené l'abondance dans une caisse depuis trop longtemps privée des recettes nécessaires. L'humeur du public était donc à l'optimisme et à

1829 la bienveillance. Les acteurs, un peu dépaysés d'abord, et comme étourdis par l'aspect de cette immense salle qu'ils voyaient éclairée pour la première fois, se remirent bientôt et jouèrent avec entrain. Par suite d'une fantaisie bizarre, la direction avait jugé à propos d'inscrire dans les couloirs qui conduisaient aux loges d'avant-scène ces mots : Coté du Roi — Coté de la Reine. Pourquoi ce ressouvenir d'une époque d'artistiques débats et de luttes ardentes ? Gluck et Piccini étaient bien loin. La guerre des bouffons ne devait pas renaître ; la gauche et la droite unirent leurs bravos pour applaudir la spirituelle musique d'Auber et ses interprètes : Chollet, l'acteur favori des spectatrices ; Mlle Casimir, artiste déjà parfaite ; Féréol, le célèbre trial, la gracieuse Mme Pradher, le couple Lemonnier, cher aux amateurs de l'opéra comique par des qualités de scène qui balançaient exactement leur talent de chanteurs. L'approbation des spectateurs devait être d'autant plus précieuse aux artistes, qu'elle n'était nullement de commande. La claque avait été supprimée, innovation à laquelle on devait bientôt renoncer, mais que la presse et le public accueillirent avec la plus grande faveur. Ce fut comme une délivrance de ne pas entendre, au milieu de cette brillante représentation, le bruit incommode d'un enthousiasme soldé. « On se serait cru, dit Ch. Maurice, dans un salon de bonne compagnie. »

II.

(20 avril 1829 — 22 septembre 1832.)

L'histoire de l'Opéra-Comique en France est encore à faire.
En attendant un travail d'ensemble que des confrères mieux
placés ne sauraient manquer d'écrire, nous allons essayer le
récit des annales de ce théâtre durant la courte, mais glorieuse période où il s'abrita sous le toit de la salle Ventadour.
Ducis était directeur depuis le 1er septembre 1828. Ce colonel était, au fond, un homme peu digne de sympathie.
Un de ses premiers actes fut de refuser à la fille de Sedaine
la somme annuelle de trois cents francs que les sociétaires de
l'Opéra-Comique lui avaient attribuée en reconnaissance des
nombreux chefs-d'œuvre légués au théâtre par son père. Le
lendemain, Ducis traitait aussi durement le vénérable Cham-
pein, alors âgé de quatre-vingts ans. Ce doyen des compositeurs français avait vendu à la société du théâtre Feydeau
deux petites pièces restées au répertoire, *les Dettes* et *la
Mélomanie*, contre une rente viagère de six cents francs que
Ducis ne voulut pas payer. Heureusement la liste civile était
là, et la cassette du roi s'ouvrait généreusement à ces infortunes. Ducis trouva le procédé commode, et se mit en tête
de faire solder par la couronne les pensions et retraites des
anciens sociétaires du théâtre, puis ses propres loyers : on ne
sait où se serait arrêtée sa fureur de quémander. Les cartons
des Archives qui renferment les papiers de cette époque sont
pleins de réclamations de Ducis au sujet de la subvention,

1829 qu'il prétendait toucher sans avoir acquitté aucune des dettes contractées par lui. A tout instant il fallait rappeler ses engagements à l'oublieux directeur, et le ministère se vit plus d'une fois obligé de lui adresser de sévères mercuriales.

Il semblait cependant que l'ouverture de la nouvelle salle dût tout arranger. Le répertoire fut rapidement monté à Ventadour. La troupe se complétait peu à peu. Le 5 mai, on vit débuter un acteur qui avait acquis une certaine réputation en province et qui devait rendre de nombreux services au théâtre de l'Opéra-Comique, Moreau-Sainti. Sa voix n'était pas forte, mais il savait chanter et jouait avec intelligence. En attendant la rentrée de Ponchard, celle de Mme Boulanger avait eu lieu. Il fallait une pièce nouvelle : *les Deux Nuits* parurent sur l'affiche.

De mémoire d'amateur, jamais ouvrage n'avait été plus longtemps et plus impatiemment attendu. Martin avait dû y chanter, ainsi que Ponchard et Mlle Prévost. Chollet remplaça Martin, Mme Casimir suppléa Mlle Prévost, et en l'absence de Ponchard qui, dans cette affaire, fit preuve d'une mauvaise volonté restée inexpliquée, Moreau-Sainti se chargea de son rôle et l'apprit en deux jours. La pièce, de Bouilly, avait été retouchée par celui que les théâtres appelaient l'homme du destin, et qui ne pouvait toucher à rien sans en faire un succès, Eugène Scribe. La première représentation, donnée le 20 mai 1829, fut un triomphe : l'auteur de *la Dame blanche* semblait avoir agrandi sa manière et apporter encore, après une si brillante série d'ouvrages reçus avec enthousiasme, une note nouvelle. Un journal du temps raconte ainsi la fin de cette mémorable soirée.

« M. Boïeldieu ayant été appelé, Chollet est venu dire qu'il était parti fort indisposé. Cependant on avait rejoint M. Boïeldieu, et il a paru au comble de l'émotion, et au milieu de mille cris de victoire ».

« C'en est une », ajoute Charles Maurice (1), qui avait la manie de terminer ses articles par une phrase monosyllabique, ou, en tout cas, très brève.

Le lendemain, le même écrivain se livre à un examen détaillé du nouvel opéra comique.

« Si dans cet ouvrage, dit-il, nous étions obligés de faire un

(1) *Courrier des théâtres.*

choix, nous donnerions la préférence, sauf meilleur avis : au finale du premier acte, morceau admirable, où tous les artifices, toutes les combinaisons, tous les genres sont prodigués, dont la *stretta* n'a pu être écrite que sous l'inspiration du génie ; au finale du deuxième acte, composition d'un style grave, et dont les accompagnements sont sublimes ; aux couplets si gracieux, si spirituels, si bien dits par Mme Pradher; au quatuor qui sert d'introduction au second acte ; aux couplets de Moreau, au trio du troisième acte ; au... au... Mais nous rappellerions la partition tout entière.

» Chollet, excellent chanteur et comédien adroit, a obtenu les honneurs du triomphe au premier acte. Lemonnier a été ravissant de grâce, de noblesse, d'intelligence et d'esprit. Mme Pradher, qu'il suffit de nommer pour donner une idée de tous les genres de perfection, a été toute elle-même. Moreau-Sainti s'est tiré d'un pas difficile en acteur habile et en chanteur intelligent. Mme Casimir n'a malheureusement que peu de chose à chanter, mais elle y est parfaite. Fargueil est plaisant en constable ridicule... Féréol, dont le personnage est bien jeté à travers l'intrigue, joue bien la peur. Damoreau, Tilly, Thiancourt, Henri, Cénot, paraissent comme choristes seulement.

» ... Ajoutons à cela des costumes d'une fraîcheur extraordinaire et bien portés, deux décors magnifiques de M. Gué, une mise en scène des plus soignées, et l'on saura les moyens de séduction mis en œuvre pour appeler la foule à la salle Ventadour.

» Elle ira (1). »

Il n'est pas tout à fait exact de dire que les principaux acteurs de l'Opéra-Comique se fussent réduits, dans le nouvel ouvrage, au simple rôle de choristes. Une lettre de Boïeldieu, familière et simple comme celui qui l'a écrite, peut nous éclairer à ce sujet :

« Merci, mon cher Maurice, du petit mot sur mes *Deux Nuits*..... Ce n'est point dans les chœurs que paraîtront tous les acteurs. Cette pensée les désobligerait peut-être ; mais ils se sont chargés, avec une obligeance très rare au théâtre, de rôles accessoires qui forment, non des chœurs, mais des

(1) *Courrier des théâtres.*

morceaux d'ensemble séparés, qui ont besoin d'être exécutés avec soin. Il est certain qu'il est impossible de mettre plus de zèle que n'en mettent tous les acteurs à monter cet ouvrage. Plus tard cela méritera d'être consigné.

» Boieldieu (1).

» 17 mai 1829. »

Si le compositeur était content de ses interprètes, ceux-ci ne se montrèrent pas moins satisfaits du maître. Le spectacle terminé, l'orchestre et les chœurs se rendirent chez Boïeldieu et lui donnèrent une sérénade.

Le succès se confirma aux représentations suivantes. Il sembla un instant que l'Opéra-Comique allait renaître. « Théâtre heureux et charmant, lisons-nous dans le *Courrier*, car il est national, et le constant objet des préférences du public. Et comment ne le serait-il pas? Tout s'y trouve. Seul, il rassemble tous les genres. Ses grandes pièces sont des tragédies lyriques; celles où l'on déploie du spectacle ont l'agrément du mélodrame; la comédie respire dans ses ouvrages de bon ton. Ses bagatelles tiennent du vaudeville, enfin l'opéra comique véritable n'est joué que là.

» Tous ces avantages, joints au talent d'artistes tels que Lemonnier, Ponchard, Chollet, Moreau-Sainti, Féréol, Tilly, Damoreau, Boullard, Fargueil, Mmes Pradher, Casimir (aujourd'hui notre première cantatrice), Lemonnier, Éléonore Colon, doivent fixer la vogue dans ce magnifique théâtre. La salle de l'Opéra-Comique est maintenant une des plus belles de Paris; son orchestre est excellent, et de nouveaux auteurs s'élèvent en ce genre qui promettent d'égaler leurs devanciers (2). »

Ces nouveaux auteurs n'étaient rien moins que Herold et Halévy. Le premier, déjà connu par la jolie musique du *Muletier*, le grand succès de *Marie* et diverses productions d'un génie plein de sensibilité et de grâce, préludait aux chefs-d'œuvre qui devaient couronner une trop courte carrière par des ouvrages où l'infériorité du poème n'empêchait pas de voir les beautés de la musique. De ce nombre fut *l'Illusion*, drame lyrique en un acte.

Le livret de *l'Illusion*, début de Saint-Georges à l'Opéra-

(1) Ch. Maurice. *Histoire anecdotique du théâtre.*

(2) *Courrier des théâtres.*

Comique, nous montre le premier échantillon du genre mélo-dramatique que cet auteur a cultivé jusqu'à la fin de ses jours. La scène se passe dans les montagnes du Tyrol : le sujet tient dans ces quelques vers que chante au début de la pièce le personnage principal, jeune secrétaire d'ambassade :

Simple et naïve autant que belle,
Une jeune fille en ces lieux
Semble me rendre l'infidèle;
Mais mon cœur seul trompe mes yeux,
Car je le sens, ce n'est pas d'elle
    Que je suis amoureux.
      Pourtant sa présence
      Calme ma douleur;
      Le nom de Laurence
      Augmente l'erreur.

Il est trop évident que cette poésie briguerait en vain les honneurs du *Parnasse contemporain*; son seul mérite est de nous mettre au courant de la situation.

Au moment où Gustave s'apprête à épouser la jeune pay-sanne Laurence, auprès de laquelle tout le village a remarqué ses assiduités, l'autre Laurence, la vraie, qui est une femme appartenant à la plus haute société, devenue veuve et voyageant pour se distraire, passe — le hasard est propice aux librettistes — précisément dans ce coin perdu, dans ce canton ignoré. Avec cet emportement d'égoïsme particulier aux amoureux, Gustave oublie aussitôt sa fiancée d'occasion pour se jeter aux pieds de celle qu'il n'a jamais cessé de désirer. L'humble fille qui, nourrissant sa passion d'un vain rêve, lui donna un instant l'illusion de l'amour, consent à ce que sa rivale marche à l'autel à sa place, couverte du voile qu'elle-même devait revêtir. Mais ce sacrifice sublime a déchiré son cœur, et tandis que villageois et villageoises suivent les époux à la cérémonie nuptiale, elle monte sur un rocher et se jette dans un précipice où elle trouve la mort.

Tel est ce poème « invraisemblable quelquefois, toujours intéressant, suffisant enfin pour l'Opéra-Comique, où l'on demande aujourd'hui profusion de notes et de traits d'es-prit (1). »

---

(1) *Courrier des théâtres.*

Les traits d'esprit n'abondaient peut-être pas dans la prose de Saint-Georges autant que cette indulgente critique pourrait le laisser croire. Quant à l'invraisemblance, elle dépassait assurément les bornes permises. Quand une intrigue théâtrale repose sur la ressemblance de deux personnages, il n'y a guère qu'un moyen de produire sur le spectateur l'impression nécessaire et souhaitée, c'est de confier les deux rôles au même acteur. L'auteur de *l'Illusion* crut pouvoir se passer de ce stratagème. Le malheur, c'est qu'il n'y avait pas même un air de famille entre les deux artistes qui jouèrent les personnages des deux rivales. Mme Pradher, la jeune Tyrolienne, était fine, élégante, distinguée; Mlle Prévost, qui représentait la baronne, offrait aux regards tous les avantages d'une jeunesse exubérante, sans aucune des qualités qu'on admirait dans sa rivale. La confusion, aux yeux du spectateur, devenait absolument impossible. Gustave était seul à se méprendre, et il fallait même qu'il fût bien féru de sa chère illusion pour la conserver pendant toute une moitié d'acte. Tout l'effet de cette petite pièce était dans la scène finale. On y voyait Mme Pradher se lancer du haut d'un rocher dans l'espace vide, spectacle qui ne manquait jamais de produire une profonde émotion. Plusieurs fois des dames s'évanouirent. L'actrice jouait d'ailleurs son rôle tout entier avec une sensibilité vraie, qui contribuait à rendre le dénouement encore plus touchant.

L'Illusion comptait trois rôles d'hommes, qui furent distribués à Moreau-Sainti, Féréol et Belnie. Quant au compositeur, cette petite partition marquait un nouveau progrès dans son talent. « La musique de M. le chevalier Herold, pleine de grâce et de mélodie, et terrible vers la fin, est si bien empreinte des situations, qu'il ne semble pas qu'on puisse trouver d'autres accents pour les rendre. » Ainsi s'exprime Charles Maurice dans son journal : n'est-ce par là le plus bel éloge qu'on puisse faire d'un opéra? Quelques singularités méritent d'être signalées dans cet ouvrage, notamment le début de l'ouverture qui fait entendre par un cor en *fa* les quatre premières mesures de l'air de Mozart : *Voi che sapete*. Il ne faudrait pas en conclure, comme l'a fait l'auteur d'un *Dictionnaire lyrique* parfois utile à consulter, que l'ouverture toute entière est bâtie sur les motifs des *Noces de Figaro*. Deux fois le cor répète ces quatre mesures, et deux fois le quatuor lui répond par un dessin en tremolo sur la dominante; puis le morceau commence véritablement par un motif à trois temps pour ne plus obéir dans ses développements, d'ailleurs assez restreints, qu'à la fantaisie de l'auteur. Après l'ouverture, on entendait dans la coulisse, un chœur d'hommes au-dessus duquel le second ténor déroulait des vocalises à la tyrolienne. La partition se composait en tout de huit morceaux, parmi lesquels le finale mérite d'être mis hors de pair : il est admirablement conduit, plein d'accents dramatiques, qui ne font pas seulement pressentir l'auteur de *Zampa* et du *Pré-aux-Clercs*, mais annoncent la maturité de son génie, et ne dépareraient nullement l'un de ces deux chefs-d'œuvre de la scène française.

La première représentation de *l'Illusion* avait eu lieu le 18 juillet 1829. Bientôt après, l'auteur du poème apportait au théâtre de l'Opéra-Comique une collaboration bien plus active. Le 8 août était notifiée aux artistes une nouvelle tenue secrète jusque-là avec un bonheur assez rare dans le monde dramatique : Saint-Georges devenait l'associé de Ducis dans la direction de la seconde scène lyrique.

Il faut croire que l'usage et les règlements, à cette époque, n'interdisaient pas aux directeurs de jouer leurs propres œuvres sur les théâtres dont ils avaient l'administration : car nous voyons bientôt l'heureux librettiste donner un nouveau drame, en trois actes cette fois, à l'Opéra-Comique. Saint-Georges avait, dans cette seconde pièce, Ménissier pour collaborateur ; Carafa avait écrit la musique.

Le dénouement de *Jenny* était peut-être encore plus effrayant que celui de *l'Illusion*. Un incendie s'allumait sur la scène ; les personnages principaux se voyaient entourés de flammes. C'est à ce moment que Jenny, muette depuis une effroyable aventure qui lui était arrivée dans son enfance, recouvrait l'usage de la parole pour s'écrier : « Sauvez mon père ! » C'étaient là les seuls mots qu'elle eût à dire dans la pièce ; mais Mme Pradher, qui jouait ce rôle, avait su trouver dans les diverses situations qu'elle traversait, une mimique si expressive et si animée qu'elle parvenait à tenir le public en haleine, et à exciter pendant trois longs actes la sympathie et l'intérêt.

A la seconde représentation, cette artiste montra que son zèle était à la hauteur de son talent ; ayant mis le pied dans une fente du plancher, elle tomba violemment renversée sur la rampe. Elle se releva toute meurtrie, et malgré les cris du public qui l'engageait à se retirer, continua son rôle jusqu'au bout.

Retournons quelque peu en arrière pour noter deux petits faits : la rentrée de Ponchard et le début de Mlle Monsel. Le nom de Ponchard rappelait une des plus brillantes périodes de l'histoire de l'Opéra-Comique. Il reparut dans *Picaros et Diego*, un de ses anciens triomphes, et dans le rôle de Georges Brown qu'il avait créé. Ses moyens vocaux avaient diminué ; mais on ne se lassait pas d'admirer le sentiment profond de son chant, et cette excellence de méthode qui ont fait de lui un des professeurs les plus justement renommés. Mlle Monsel, jeune fille douée d'une certaine beauté et d'une belle voix, avait beaucoup à acquérir sous le rapport de l'expérience et du goût. Elle travailla avec ardeur, et par la suite se rendit fort utile au théâtre de l'Opéra-Comique : ce qui n'empêcha pas qu'elle se vit obligée d'actionner Ducis en justice quand elle voulut obtenir le paiement des feux qui lui étaient dus.

Jenny alternait sur l'affiche avec *les Deux Nuits*, en attendant *le Dilettante d'Avignon*, pièce en un acte d'Hoffmann, retouchée par Léon Halévy et dont Fromental Halévy avait composé la musique.

Ce *Dilettante* jouait de malheur. Les rôles en étaient sus, et le travail de mise en scène fort avancé. La répétition générale ne put avoir lieu par suite de l'absence d'une demoiselle Rigaud, qui fit dire qu'elle était indisposée. Un médecin du théâtre se rend aussitôt chez l'actrice et rapporte qu'elle est en possession d'une santé parfaite. Sans doute pour le colonel Ducis, comme pour le jeune Saint-Georges, le caprice d'une jeune femme était chose sacrée : les directeurs remirent la répétition pour laisser à leur pensionnaire quelques jours de réflexion et de repos. Mais le délai expiré, Mlle Rigaud persiste dans son refus de se rendre à la répétition générale. Une aussi inexplicable conduite fut attribuée à d'autres causes qu'à la souffrance ; on se rappela que les mêmes incidents avaient eu lieu quelques jours avant la première représentation de *l'Illusion* ; on pensa que ce qui arrêtait Mlle Rigaud, c'était moins un engorgement des bronches que la crainte de paraître dans une pièce où jouait Mme Casimir. Trois médecins du théâtre examinèrent de nouveau, et avec une attention particulière, la chanteuse récalcitrante. Ils constatèrent qu'« elle se portait bien, qu'aucun indice d'indisposition n'existait chez elle, et qu'elle pourrait reprendre ses travaux si elle en avait la volonté ». A ces déclarations, l'actrice opposait une consultation signée des noms autorisés de Pétroz, Marc et Magendie.

« Il est en ce moment, disaient ces docteurs, de toute impossibilité physique pour Mlle Rigaud de chanter les rôles de son emploi. Ses organes vocaux sont visiblement altérés et ont besoin de repos, et si elle continue à chanter cette année, il est à craindre qu'elle ne perde sa voix. »

Pendant ce temps, Léon et Fromental Halévy se morfondaient à la porte de l'Opéra-Comique. On se décida enfin à confier le rôle de Mlle Rigaud à Mlle Monsel, et le 7 novembre vit paraître *le Dilettante d'Avignon.*

On connaît la donnée de cette pièce. Un directeur de théâtre raffole de la musique et du chant italiens. Des chanteurs français se présentent à lui, et dans une charge bouffonne imitent le style et la manière des musiciens en *i*. Le directeur est ravi, engage les artistes, et l'un d'eux devient son gendre. La musique, fort spirituelle, mélodique, et de tous points charmante, enleva tous les suffrages. Mais n'est-il pas bizarre de voir Halévy apporter sur la scène Ventadour une parodie de la musique italienne, lui qui, l'année précédente, avait débuté au théâtre par un grand opéra donné à la salle Favart? L'histoire ne dit pas si la Malibran, qui avait chanté le rôle principal dans *Clari*, vint applaudir le persiflage dont le jeune *maestro* poursuivait l'art italien.

Le succès du *Dilettante* fut vif; pourtant les auteurs, déjà si éprouvés, n'étaient pas au bout de leurs peines. Le soir de la première représentation, Mme Casimir, malade, avait dû faire réclamer l'indulgence du public. Le lendemain, l'indisposition de cette excellente cantatrice s'aggravait, et la seconde représentation ne put avoir lieu que seize jours après, le 23 novembre. Puis Ponchard, qui jouait dans la pièce, se blessait au bras, et la carrière du *Dilettante* était de nouveau interrompue.

D'ailleurs ce mois de novembre 1829 mérite d'être signalé dans les fastes du théâtre. Neuf acteurs furent à la fois indisposés. Leur absence n'entravait pas seulement les représentations du *Dilettante d'Avignon :* trente pièces du répertoire en souffraient. Le rôle de la direction devenait de plus en plus difficile. Presque chaque soir, un changement de spectacle était nécessaire au dernier moment. Mais l'intempérie de l'automne n'était pas seule coupable de ces malheurs. Plus d'une fois on put s'apercevoir que les indispositions annoncées n'étaient fâcheuses que pour le service du théâtre. Quelques instants avant le lever du rideau, un artiste faisait dire qu'il était malade. Les directeurs s'arrangeaient comme ils pouvaient, et tandis que le public bénévole s'ennuyait à voir un spectacle qu'il n'était nullement venu chercher, le faux enrhumé allait assister aux premières représentations, voir ses amis, souper au restaurant. Tout le Paris artistique et élégant constatait le mensonge, que la direction était impuissante à réprimer.

Un soir, ce fut bien une autre affaire. Les artistes en scène s'étaient donné le mot pour tout ralentir dans la pièce : musique, dialogue, jeux de théâtre. Les *allegro* devinrent des *andante*; les *andante* prirent l'allure solennelle du *maestoso* ou de l'*adagio* : on se fût cru à l'Opéra. Pour dire les choses les plus insigniantes, les acteurs prenaient des temps. Le public des théâtres est, à Paris, d'une patience inaltérable : les spectateurs de cette mortelle soirée assistèrent sans protestation d'aucune sorte à la triste facétie imaginée par les comédiens. Mais les organisateurs de ce petit complot avaient oublié d'envoyer le mot d'ordre à la Compagnie royale d'éclairage. Le spectacle se prolongeant outre mesure, le gaz devint, après minuit, faible, vacillant; le troisième acte des *Deux Nuits* fut joué dans une demi-obscurité qui n'était pas dans la donnée de la pièce, et que les auteurs n'avaient nullement prévue. Enfin, à une heure treize minutes du matin, la toile s'abaisse sur le dénouement. Le gaz, faute d'aliments, était alors éteint. Les spectateurs se dirigent à tâtons dans les couloirs envahis déjà par les ténèbres, noir labyrinthe où aucune Ariane n'a laissé de fil conducteur. Les moins adroits tombent et font tomber les autres ; les escaliers s'emplissent de cris d'effroi. La scène et ses dépendances n'étaient pas éclairées plus que le reste : impossible aux figurants, dans le fouillis de leur loge, de remettre la main sur leurs vêtements de ville. Ils durent quitter le théâtre et regagner leur domicile revêtus de leurs pittoresques costumes irlandais, costumes que la saison n'autorisait nullement, et qui durent étonner les noctambules les plus habitués aux bizarreries qu'offrent parfois les rues de Paris, à ces heures matinales.

Le lendemain, un commissaire de police se présentait au théâtre, et ouvrait une enquête sur l'incident. Mais on usa d'indulgence. Les coupables étaient au regret de leur gaminerie, dont ils n'avaient pas d'abord prévu les suites; plus d'un s'en était vivement repenti le soir même en rentrant chez lui, et voyant l'inquiétude que son retard inattendu avait jeté parmi ses proches.

L'année 1829 finit avec *Emmeline*, opéra comique en trois
actes, qui n'eut aucun succès. Le poème, de Planard, est un
des plus mauvais sur lesquels Hérold ait travaillé, et tout le
charme de la musique ne put soutenir un livret à la fois
obscur et puéril. Inutile de s'y arrêter. Passons aussi sur
un acte de Dumersan et Gabriel, musique de Chelard, joué
le 24 décembre 1829, *la Table et le Logement ;* ce petit ouvrage,
tombé aussitôt, ne mérite pas que la postérité s'apitoie sur
ses malheurs.

Le dimanche 4 janvier 1830, l'affiche de l'Opéra-Comique
annonçait *Paul et Virginie*. La musique de Kreutzer parut
très vieillie et ridicule : l'attitude du public fut telle
que la direction ne jugea pas à propos de renouveler l'expérience. Aussi n'aurions-nous pas parlé de cette unique
représentation sans les circonstances singulières qui l'ont
précédée. Kreutzer insistait depuis quelque temps pour obtenir une reprise de son ouvrage. Les directeurs la lui promettaient toujours, et toujours la retardaient. Ils avaient pour
cela leurs raisons. Le ministère de l'intérieur était alors aux
mains d'un des hommes les plus impopulaires qui soient
jamais entrés dans les conseils d'un gouvernement : or, ce
malencontreux dignitaire, réactionnaire implacable et dange-
reux, portait justement le nom d'un des personnages de *Paul
et Virginie*. C'était M. de la Bourdonnaye, que les journaux n'appelaient pas autrement que *l'homme aux catégories*, en souvenir
d'une odieuse motion de représailles qu'il avait faite un jour
à la Chambre des députés. Au milieu de l'effervescence des
idées libérales, qui commençait à se traduire bruyamment pour
aboutir moins d'un an plus tard à la révolution de Juillet,
n'était-il pas à craindre que le nom du ministre, prononcé sur
la scène, n'excitât les protestations du parterre, et peut-être
de graves désordres ? M. de La Bourdonnaye était d'autant
plus détesté à cette époque qu'il semblait avoir plus d'influence
dans le gouvernement et d'empire sur l'esprit du roi. On crut un
instant qu'il serait premier ministre. Mais au mois de novembre
1829, la présidence du conseil étant échue à M. de Polignac,
La Bourdonnaye se retira, disant ce mot resté historique, et
qui prouve qu'il comprenait la gravité de la situation :
« Quand je joue ma tête, j'aime à tenir les cartes ! » La direction de l'Opéra-Comique crut alors pouvoir donner sans danger
la pastorale de Bernardin de Saint-Pierre ; encore eut-on la
précaution d'éviter dans le dialogue le terrible nom de La

Bourdonnaye, qu'on remplaça, chaque fois qu'il apparaissait dans le texte, par l'inoffensive appellation de *M. le gouverneur*.

Mais des événements plus considérables s'annonçaient au théâtre royal de l'Opéra-Comique. Une nouveauté importante se préparait dans l'ombre. Les curieux avaient deviné le nom des auteurs, mais c'était là tout ce qu'on pouvait savoir de la pièce à l'étude. Les répétitions avaient lieu dans des foyers hermétiquement fermés; un mystère impénétrable entourait ces préliminaires. Les artistes avaient promis le secret le plus absolu sur les rôles qui leur étaient confiés. « Tous se composent des figures de diplomates, disaient les journaux, et Mme Pradher elle-même, sortant d'une répétition, a l'air de garder le *secret de M. Bignon* (1). » Enfin, le travail se termina sans qu'on eût eu à signaler aucune indiscrétion, et le 28 janvier 1830, parut à la scène *l'Hôtellerie de Terracine*, opéra comique en trois actes, de Scribe et Auber. Voici la distribution de cette création mémorable : San-Marco, Chollet ; lord Kokbourg, Féréol ; Mattéo, Henri ; Lorenzo, Moreau-Santi ; Giacomo, Fargueil ; Beppo, Belnie ; Paméla, Mme Boulanger ; Zerline, Mlle Prévost.

L'Hôtellerie de Terracine avait d'abord dû s'appeler *Zerline*, puis *Fra Diavolo*. On renonça à ce dernier titre à cause d'une pièce jouée sous le même nom au Cirque-Olympique, mais on y revint au bout de quelques jours, vu l'immense succès obtenu par Chollet dans le rôle du faux marquis de San-Marco.

Fra Diavolo, qui est resté, avec *le Domino noir*, le chef-d'œuvre d'Auber, eut, il n'est pas besoin de le dire, un grand succès dès son apparition. Cependant au milieu du concert d'éloges qui accueillait cette fine partition, écrite d'une main si légère et avec un si merveilleux esprit, quelques notes discordantes s'élevèrent. *La Pandore* du 29 janvier donne de la première soirée le bulletin que voici :

« Les loges retenaient leur bâillement... C'est d'une médiocrité dorée, d'un savoir-faire parfait; ni le *signor poeta* ni le *signor maëstro* ne se sont mis en frais d'idées .. La partition de *l'Hôtellerie de Terracine* est d'un style commun et diffus... partout on remarque une fâcheuse absence d'idées. »

Le 31 janvier, après vingt-quatre heures de réflexion, qui

---

(1) La *Pandore*.

auraient pu adoucir les sévérités du critique, le même journal publiait un article aussi peu élogieux :

« On rencontre çà et là quelques oasis dans ce désert d'idées. Mais, de bonne foi, est-ce bien sérieusement que quelques amis, à l'instar de ceux dont La Fontaine invite à se défier, ont voulu signaler à l'admiration la symphonie et le chœur de *Pâques-Fleuries?* Assurément, en musique, le bruit est un effet comme un autre; est-ce le son du tambour, si habilement mis en œuvre par Rossini dans la symphonie de *la Gazza ladra,* qui a pu charmer l'oreille de ces *dilettanti* si faciles à s'émouvoir, si prompts à se pâmer? Tout le reste n'est qu'une perpétuelle divagation, qu'une longue fatigue de notes autour d'un motif pauvre et sec ; la phrase de liaison qui revient jusqu'à trois fois (voyez jusqu'où l'on va quelquefois quand on est en veine de malheur!) est empruntée aux *Créoles* de M. Berton. Quant au chœur de *Pâques-Fleuries,* il se peut que la nouveauté et le piquant du spectacle aient séduit ces messieurs ; ils ont vu tant de fleurs sur la scène qu'ils auront cru entendre ce qu'ils voyaient.

» Que M. Auber y prenne garde! Le temps semble être revenu à la raison... »

Le critique de *la Pandore* est endormi dans l'oubli où s'éteint l'impuissance ; son nom même est perdu pour nous. L'esprit du maître vit encore, aussi jeune, aussi vif, aussi brillant qu'au premier jour, dans l'œuvre qu'il a créée, et que nous admirons malgré les changements survenus dans la conception et dans la pratique de l'art. Quand même le public, par une variation qui n'est pas encore près de se produire, viendrait à briser les idoles qu'il a si longtemps adorées, des morceaux tels que le quintette du deuxième acte, par exemple, défient les injures du temps et les révolutions du goût. C'est avec une curiosité mêlée d'admiration que les gens du métier s'approcheront toujours de ces pièces ouvragées avec un art exquis, dont la trame transparente est cependant solide, et qu'orne sans jamais les surcharger un dessin spirituel, d'une élégance unique. Que dire de l'ouverture? Où trouver un tour plus aisé, une abondance plus facile, des moyens mieux appropriés à leur but? Tout est à sa place : mélodie, harmonie, instrumentation concourent à l'effet que l'auteur s'est proposé d'atteindre, et qu'il atteint sans effort. C'est bien là un chef-d'œuvre dans le véritable sens du mot, et tel que l'entendaient les vieilles corporations : l'ouvrier qui y a travaillé est un des plus habiles qui aient jamais été parmi nous; apprentis et compagnons, maîtres et jurés s'inclinent devant cette ingénieuse exécution, ce faire étonnant, ce parfait rendu.

Le mois de janvier 1830 peut donc passer, à l'Opéra-Comique, pour une époque bénie. Ce fut le moment que choisit le directeur Ducis pour refuser à ses plus nécessaires collaborateurs le paiement de leur dû. La Société des auteurs et compositeurs dramatiques n'était pas alors aussi sérieusement constituée qu'elle l'est aujourd'hui. Un agent muni de pouvoirs se présentait cependant chaque soir au contrôle des théâtres et percevait la portion de la recette réservée, en vertu de traités, au paiement des droits d'auteurs. Tout à coup, Ducis déclara qu'il ne pouvait se contenter de la procuration générale qui jusque-là avait suffi à ce mandataire, et prétendit exiger des actes notariés spéciaux à chaque auteur, à chaque pièce. Il fut actionné, et, comme il avait négligé de comparaître, condamné par défaut.

Ce colonel, constamment poursuivi en justice, oublieux de ses créanciers, mais non de ses plaisirs et de ses aises, mérite plus de blâme que d'éloge. Il ne faudrait pas cependant lui refuser toute qualité : on doit au moins lui reconnaître une activité méritoire. Nous avons eu la curiosité de relever les pièces jouées à l'Opéra-Comique durant les quatre premiers mois de l'année 1830. Elles forment, pour moins de 120 représentations, un total de 49 opéras comiques, comprenant ensemble 96 actes. La nomenclature suivante donnera une idée de cette variété d'affiches, tout à fait inconnue de nos jours.

OUVRAGES REPRÉSENTÉS SUR LE THÉATRE DE L'OPÉRA-COMIQUE

DU 1er JANVIER AU 1er MAI 1830.

Opéras comiques en un acte : le *Dilettante d'Avignon*, joué 34 fois; *l'Illusion*, 15 fois; *Picaros et Diégo*, 8 fois; *la Vieille*, 6 fois; *Pierre et Catherine*, les *Rendez-vous bourgeois*, *Lulli et Quinault*, chacun 5 fois; *le Mariage à l'anglaise*, la *Jeune Femme colère*, que la Comédie-Française représentait, sans musique, à la même époque; *Maison à vendre*, *l'Exil de Rochester*, chacun 4 fois; *le Coq de village*, *le Nouveau Seigneur du village*, les *Deux Jaloux*, les *Deux Mousquetaires*, *Gulnare*, chacun 3 fois;

Adolphe et Clara, le Billet de loterie, la Lettre de change, le Prisonnier, chacun 2 fois ; *le Tableau parlant, Une heure de mariage, le Calife de Bagdad*, chacun une fois.

Opéras comiques en deux actes : *les Voitures versées*, 7 représentations ; *Une folie*, 5 ; *Ma tante Aurore*, 3 ; *Jean de Paris*, 2.

Opéras comiques en trois actes : *Fra Diavolo*, joué 42 fois, du 28 janvier au 30 avril ; *la Fiancée*, 12 fois ; *Emma*, 9 fois ; *Jeannot et Colin, la Dame blanche, M. Deschalumeaux*, 6 fois ; *Joconde, Danilowa*, dont la première représentation eut lieu le 23 avril, chacune 5 fois ; *les Deux Nuits, Fiorella, la Fête du village voisin, le Petit Chaperon rouge, le Maçon*, 3 fois ; *Jenny*, 2 fois ; *Paul et Virginie, Marie, Aline, l'Homme sans façon, l'Auberge de Bagnères*, chacun une fois.

Opéras comiques en quatre actes : *la Neige*, jouée une fois, et *Masaniello*, qui, en raison de son caractère populaire, se donnait généralement le dimanche, joué 6 fois.

Le répertoire de nos théâtres lyriques, semblable à la peau de chagrin de Balzac, se rétrécit de jour en jour : que de chefs-d'œuvre en désuétude, que de pièces oubliées, et dont les titres même ont disparu de nos mémoires !

Deux ouvrages nouveaux en trois actes, un répertoire d'une cinquantaine de pièces constamment entretenu, quinze auteurs, dont neuf vivants, joués tour à tour, voilà ce que nous présente l'histoire de l'Opéra-Comique pendant les quatre premiers mois de 1830 ; remarquons que le mois d'avril amène toujours les relâches forcés de la semaine sainte, et que nous avons négligé, dans le relevé que nous avons fait des travaux du théâtre, les représentations extraordinaires données sur d'autres scènes, et où les artistes de l'Opéra-Comique paraissaient dans des pièces de leur répertoire.

Ce n'est pas tout ; il nous faut encore noter l'exhibition de chanteurs tyroliens, qui, introduits dans *l'Illusion*, donnaient à ce petit acte un intermède d'une indiscutable couleur locale. Quelques débuts et rentrées avaient lieu durant ce même laps de temps. Batiste, qui avait laissé aux habitués de Feydeau le souvenir d'un acteur parfait, apparaissait à Ventadour, ainsi que Mme Lemonnier. Le jeune Delsarte, sorti du Conservatoire où il avait été l'élève de Ponchard pour le chant, et de Michelot pour la déclamation, montait aussi sur cette scène. La faiblesse de sa voix et la froideur de son jeu l'empêchèrent d'y obtenir le succès qu'eussent dû lui valoir sa jolie figure (il ressemblait à Elleviou), et son excellente méthode. Enfin, vers la fin de mars, on vit le violoniste Mazas, qui revenait d'Allemagne et devait déchoir jusqu'à devenir, l'année suivante, premier violon à l'orchestre du Palais-Royal, donner des concerts au théâtre de l'Opéra-Comique ; il fut applaudi dans un concerto de Paganini et dans une *Élégie* pour alto.

Sur ces entrefaites, Saint-Georges annonçait sa démission, motivée sur la santé chancelante de sa mère, qui était fort âgée et habitait Versailles. Ce n'était probablement pas là la vraie raison de cette retraite. Quoi qu'il en soit, Ducis continua seul à diriger les destinées du théâtre royal de l'Opéra-Comique. L'événement le plus notable du mois de mai est l'apparition de la célèbre actrice et directrice anglaise, miss Smithson, dans une pièce en un acte écrite pour elle, *l'Auberge d'Auray*. L'introduction, un air chanté par Mlle Colon, des couplets dits par Féréol, furent très applaudis : c'était la part d'Hérold dans sa collaboration à la musique. Le reste était de Carafa. Quant à Mlle Smithson, elle avait obtenu, à son arrivée à Paris, un tel succès dans les chefs-d'œuvre de Shakespeare, son talent, peu apprécié, dit-on, en Angleterre, parut chez nous si merveilleux, qu'on crut pouvoir l'engager à l'Opéra-Comique, quoiqu'elle fût incapable de prononcer sur la scène la moindre parole en français. Il fut question de la produire dans *Deux Mots* ou dans *Jenny*, ouvrages où le peu d'importance du dialogue dans le rôle principal lui permettait de paraître avec avantage. Finalement, on préféra commander à d'Epagny et Moreau un acte dont Hérold et Carafa composèrent la musique. L'intrigue de *l'Auberge d'Auray* se déroulait au milieu des guerres de la Vendée, fertiles en dramatiques épisodes. Le jeu de l'actrice, dans le rôle absolument muet de Cécilia, avait fait pleurer les artistes aux répétitions, ce qui prouve une fois de plus l'excessive tendresse des cœurs de théâtre ; mais il surprit les spectateurs de la première représentation sans les enthousiasmer. Cependant le public s'habitua peu à peu aux singularités qui l'avaient un instant dérouté, et l'expressive pantomime de la tragédienne anglaise amena bientôt tous les effets qu'on en pouvait attendre : pâmoisons, syncopes, attaques de nerfs chez les dames, larmes et jeu de mouchoir dans la partie la plus grave du public.

Il y avait alors à Paris un aspirant au prix de Rome qui était encore plus impressionnable, en face du talent de miss Smithson, que les plus sensibles spectatrices. Cœur douloureux et crispé, âme vibrante, imagination exaltée et emportée hors de toute barrière, Berlioz ne vint pas voir miss Smithson à la salle Ventadour. Il essayait d'endormir dans une rêverie solitaire la passion folle qui s'était emparée de son cerveau. Il avait peur, s'il se laissait aller à contempler encore son idole, de souffrir au-dessus de ses forces, à se rompre! Quant à la Cécilia de *l'Auberge d'Auray*, elle ne connaissait pas son adorateur. Elle avait reçu de lui quelques lettres qui l'avaient plus effrayée que touchée, et avait fini par consigner aux mains du facteur de la poste des correspondances qui menaçaient de se faire gênantes. Un jour elle l'avait aperçu à Feydeau, tandis qu'elle répétait un fragment de Shakespeare pour une représentation au bénéfice de Huet. Berlioz, à son aspect, s'était enfui en poussant un grand cri, et miss Smithson avait dit aux *gentlemen* qui l'entouraient : « Faites attention à ce jeune homme : son œil n'annonce rien de bon! » Bizarre effet d'une terreur partagée! Tout le monde sait la suite de cette histoire, et nous n'avons pas à raconter comment cette réciproque épouvante aboutit à un double *oui* prononcé devant un officier de l'état civil et un prêtre catholique. En mai 1830, Berlioz et miss Smithson en étaient à l'effroi mutuel, point jadis ignoré sur la carte du Tendre, phase étrange que Stendhal a omis de décrire dans sa fine et profonde analyse du phénomène qu'il appelle la cristallisation.

Le 27 mai avait lieu la première représentation d'un opéra comique en un acte, intitulé : *Attendre et courir*. Il était dû une quadruple collaboration : Fulgence et F. Halévy servaient d'introducteurs auprès du public à Tilly et Henri de Ruolz, sans compter que derrière Fulgence et Tilly on pouvait apercevoir le bon Lafontaine avec sa jolie fable :

Qui ne court après la Fortune?

Malgré les conseils et l'aide d'Halévy, Ruolz, qui était destiné à faire fortune autrement que par la musique, ne s'était pas élevé à une bien grande hauteur dans ce petit ouvrage. Il eût fallu, hélas! tout autre chose pour assurer l'avenir de l'Opéra-Comique, alors très compromis. Malgré

1830 l'activité déployée, les recettes étaient toujours inférieures aux dépenses. Plusieurs fois la cassette royale dut venir au secours du directeur endetté. Mais ce n'étaient là que des palliatifs. La situation devint telle, que le commencement du mois de juin vit paraître une pétition des auteurs et compositeurs demandant la création d'un second théâtre d'opéra comique ; et cette pièce était signée de ceux même qui étaient joués presque chaque soir sur le théâtre de Ducis ! Le 15 juin, la compagnie du Gaz ayant refusé l'éclairage, le théâtre dut fermer ses portes.

Les règlements portaient que, dans un cas pareil, le privilège cessait d'exister après trois jours de fermeture. Cette législation ne fut pas appliquée dans toute sa rigueur. Le 22 juin, Ducis offrait son privilège à ses créanciers : une commission était nommée parmi ceux-ci, qui demeurait en permanence au théâtre, et comme l'autorité insistait pour la réouverture, on annonçait *la Fiancée ;* puis on s'apercevait qu'il était impossible de jouer cet ouvrage, Chollet ayant quitté Paris pour voyager dans les départements. C'est alors que Boursault fit valoir une clause du contrat qu'il avait passé avec Ducis, d'après laquelle le privilège concédé à Ducis devait, si celui-ci venait à ne plus l'exploiter, passer à Boursault ou à ses ayants cause. C'est au nom du groupe d'actionnaires acquéreur de la salle Ventadour que Boursault rentra en scène. Les créanciers étrangers au théâtre furent d'un autre avis et intentèrent un procès aux propriétaires de la salle : mais le tribunal civil se déclara incompétent. Enfin le ministère intervint, et, à la fin de la première semaine de juillet, les journaux recevaient la circulaire suivante :

Paris, le 7 juillet 1830.

Monsieur le Directeur, j'ai l'honneur de vous informer que Son Excellence Monseigneur le Ministre de l'Intérieur vient de décider que le privilège du théâtre royal de l'Opéra-Comique est donné aux créanciers et ayants cause de M. Ducis, en vertu de l'article 11 de l'arrêté du 14 août 1828, qui décide que ce privilège est concédé pour trente ans à M. Ducis, à ses héritiers ou ayants cause. Cet acte de justice de Son Excellence Monseigneur le Ministre de l'Intérieur a mis un terme aux inquiétudes des nombreux créanciers de l'Opéra-Comique, et réalisé les espérances qu'ils avaient fondées sur la

bienveillance et l'intérêt que Monseigneur le Comte de Peyronnet
avait daigné leur témoigner dans les audiences pleines de bonté
qu'ils ont obtenues de Son Excellence. Les créanciers vont prendre
les dispositions convenables pour que l'ouverture du théâtre royal
de l'Opéra-Comique suive de près la mesure tutélaire dont ils sont
redevables à Monseigneur le Comte de Peyronnet.

J'ai l'honneur d'être, etc.

Le secrétaire général du théâtre royal de l'Opéra-Comique,

L. FABAS.

Cette lettre ne dit pas les conditions imposées aux créanciers par l'arrêté ministériel. Ils devaient ouvrir le théâtre
dans les dix jours; faute de quoi ils étaient déchus de leurs
droits, transportés dès lors aux seuls actionnaires propriétaires
de la salle, que représentait Boursault. Les dix jours s'écou-
lèrent sans que le théâtre pût reprendre la série de ses représentations. On accorda un nouveau délai à la Société Boursault. Les actionnaires, plus habiles ou plus heureux que les
créanciers, parvinrent à reconstituer la troupe. Ils nommèrent
un directeur-gérant, Singier, que Boursault fut chargé d'assister en compagnie d'un sieur Huvé de Garel. Le 25 juillet,
l'Opéra-Comique reparut sur les affiches, annonçant *Emma* et *la
Vieille;* la rentrée de Lemonnier et de Mme Pradher, celle de
Huet, disparu depuis longtemps et qu'on surnommait l'*homme-
répertoire,* faisaient bien augurer de la nouvelle direction. Hélas!
en ce fatal jour de dimanche, le même comte de Peyronnet
qui avait pris l'arrêté relatif à l'ouverture de l'Opéra-Comique,
contresignait des ordonnances royales bien autrement graves.
Paris prenait feu. La salle Ventadour se fermait de nouveau,
pour ne rouvrir ses portes que le lundi 9 août, avec *le Dilettante d'Avignon, les Deux Journées* et *le Mariage à l'anglaise,*
donnés « au bénéfice des veuves et des orphelins des braves
Français morts pour la patrie ».

La pièce des *Deux Journées* ou *le Porteur d'eau,* qui se passe, on
s'en souvient, au temps de la Fronde, était fertile en allu-
sions contemporaines, au lendemain des journées de juillet.
Une autre pièce, qui, écrite en 1794, a depuis apparu
après chacune de nos révolutions, fut représentée à l'Opéra-
Comique en août 1830 : *les Visitandines,* agrémentées de
costumes neufs et jouées avec intelligence par Louvet, Moreau-
Sainti, Fargueil, Mmes Bousigue, Colon, Lemoule, etc., se main-

1830

tinrent longtemps sur l'affiche. Comme il est naturel après un grand mouvement populaire, les chants nationaux et patriotiques avaient un grand succès. Henri, qui jouait le rôle de Pietro dans *Masaniello*, chantait *la Marseillaise* à l'entr'acte, et, ce qui devait produire un effet plus singulier, on voyait, entre les deux actes des *Visitandines*, Moreau-Sainti dire *la Parisienne*, costumé en nonne et tenant à la main un drapeau tricolore. Ces diverses manifestations ne suffisant pas à l'enthousiasme du public, on commanda à Gabriel et Masson un à-propos dont Adam et Romagnesi firent la musique, et qui fut joué le samedi 21 août sous ce titre : *Trois jours en une heure*, tableau national en un acte.

Un fait particulier dont l'influence se fit sentir au théâtre marque l'histoire du gouvernement inauguré en 1830. On sait que les anciens militaires et fonctionnaires du premier empire avaient, sous la Restauration, apporté au parti libéral un fort appoint ; ils avaient combattu à côté des républicains et des constitutionnels pour renverser un régime élevé sur les débris de l'empire, et qu'ils abhorraient. La révolution achevée, les fidèles de celui qu'auparavant on appelait « le Buonaparte » purent donner un libre cours à leurs sentiments. C'est alors qu'on vit sortir de terre l'exégèse napoléonienne et que se forma cette légende héroïque qui, jusqu'au jour de la capitulation de Sedan, a pesé lourdement sur la France. Ainsi, chose singulière, l'avénement du roi bourgeois fut le signal d'une foule de productions où le régime militaire était exalté. La chanson prit pour thème favori les exploits du grand vainqueur, et l'épopée impériale se dressa vivante sur la scène, déroulant le tableau d'épisodes qui enflammaient l'imagination populaire. Les plus célèbres écrivains du groupe romantique prirent part à ce mouvement d'idées : Alexandre Dumas écrivit pour l'Odéon un drame intitulé : *Napoléon Bonaparte ou Trente ans de l'histoire de France*, en quatre actes et quatorze tableaux. La pièce du Cirque-Olympique était plus longue, sinon meilleure; elle avait pour titre : *l'Empereur*, événements historiques en cinq actes et dix-huit tableaux, et Edmond, chargé du personnage principal, avait imité, paraît-il, à s'y méprendre, les manières et l'accent du grand homme. Le théâtre de la Gaîté trouva mieux encore : il représentait *la Malmaison et Sainte-Hélène*, mélodrame en cinq actes découpé dans les Mémoires de Las Cases, et y exhibait le « chapeau véritable » que l'empereur

avait porté à son retour de l'île d'Elbe. Le jour, cette précieuse relique était exposée dans une vitrine au bureau de
location, entourée de certificats et signatures qui en attes-
taient l'authenticité. L'Opéra-Comique eut aussi sa pièce impériale ; elle s'appela *Joséphine ou le Retour de Wagram*, et fut
jouée le 2 décembre 1830. Comme le titre l'indique, cette
napoléoniade lyrique avait trait au divorce de l'empereur. Elle
ne mesurait qu'un acte et avait pour auteurs Gabriel et
Delaboullaye ; Adam avait écrit la musique. Le rôle de Napoléon fut joué par Génot, qui dépassa Edmond et réussit au
delà de toute expression dans le genre d'imitation qui devait
plus tard illustrer Gobert. La ressemblance était surprenante,
paraît-il. « C'était à lui courir sus, dit Ch. Maurice, si on
avait voulu obéir aux ordres de Louis XVIII. » Plus d'un
spectateur versait des larmes à l'aspect de l'idole ressuscitée.
Un vieux soldat de la garde vint frapper à la porte du théâtre ;
il voulait absolument forcer l'entrée des coulisses et baiser les
mains de son empereur. « Je savais bien qu'il n'était pas
mort ! » répétait-il avec émotion.

Lemonnier rappelait fort exactement aussi le prince Eugène ;
le jeu touchant de Mme Lemonnier, qui représentait Joséphine,
la grâce de Mme Pradher, dans un rôle de petite paysanne,
assurèrent à la bluette d'Adolphe Adam une série honorable de
représentations.

Le 5 décembre eut lieu à l'Opéra une représentation extraordinaire au profit de miss Smithson, qui, pour la première
et sans doute la seule fois, mima le rôle de Fenella dans
la Muette de Portici. La recette s'éleva à quinze mille francs.
Le théâtre de l'Opéra-Comique, auquel la bénéficiaire avait
appartenu plusieurs mois sans que sa bourse s'en fût autrement
ressentie, ne fut guère représenté à cette solennité que par
Chollet, qui y parut seulement pour chanter *les Trois Couleurs*.
Le vent était toujours aux airs patriotiques, et il n'y avait pas de
soir où chaque théâtre ne célébrât, dans de grands airs ou de
petits couplets, la victoire du peuple. Ponchard s'était créé
une spécialité dans ce genre national, et chantait, tantôt aux
Nouveautés, tantôt à la Porte-Saint-Martin ou au Gymnase,
les refrains du jour. Le Tyrtée de l'Opéra-Comique était
Chollet ; il méritait d'autant plus ce titre qu'il avait lui-même
composé, paraît-il, les paroles et la musique des morceaux
qu'il interprétait. Son succès était très grand, si grand qu'il
finit par en être fatigué, et jugea, six mois après les « glo-

rieuses », que le délire du triomphe devait avoir un terme. Un soir, sollicité de dire *les Trois Couleurs*, il s'y refusa, prétextant la fatigue ; il avait déjà joué dans la première pièce, devait jouer dans une autre, et voulait se réserver pour ses rôles. La direction crut satisfaire aux exigences du public avec Boullard, qui vint chanter un hymne patriotique. Mais la substitution ne fut pas du goût des spectateurs, et quand Chollet reparut dans *la Langue musicale*, il fut outrageusement accueilli. Les sifflets, les huées, les projectiles même, empruntés il est vrai à la flore des Baléares, furent lancés contre le malheureux acteur. Un désordre inexprimable se produisit ; l'intervention du commissaire de police fut impuissante à apaiser le tumulte ; à minuit, sans que le spectacle eût pu être terminé, la salle fut enfin évacuée par les perturbateurs, dont quelques-uns ne se gênaient pas pour dire tout haut qu'ils reviendraient, et sauraient bien forcer le récalcitrant à chanter ou à faire des excuses. Le lendemain Chollet faisait paraître la curieuse épître que voici :

A MES CONCITOYENS.

> O dii immortales ! ubinam gentium sumus ? in qua urbe vivimus ? quam rempublicam habemus ?
>
> (CICÉRON.)

Depuis plus de trois mois les administrations des grands théâtres ont senti la nécessité d'éloigner de leurs scènes les pièces de circonstance et les chants patriotiques. Ce genre est *destructeur des voix* et, par conséquent, de l'ensemble que le vrai public exige à bon droit dans les représentations qui lui sont offertes. A l'Opéra-Comique seul, ces chants se sont perpétués. J'ai eu le fatal bonheur d'avoir à déclamer deux cantates qui ont fait une vive et profonde impression. Ces deux cantates sont *les Trois Couleurs* et *le Vœu français*. J'ai au moins cinquante fois cédé au désir que le public a exprimé d'entendre l'un ou l'autre de ces airs, bien qu'aucun d'eux ne fût sur l'affiche. J'éprouvais de jour en jour une perte réelle de voix. Deux fois entre autres, me sentant très enroué, et *usant de mon droit*, j'ai essayé d'éviter l'exécution de ces chants ; ces deux fois j'ai été en butte à une malveillance révoltante. Mon dévouement bien connu, ma complaisance accoutumée, rien n'a plaidé pour moi. Enfin, dimanche dernier, 6 courant, une société ennemie s'était donné rendez-vous à l'Opéra-Comique, et a demandé l'audition par moi d'un de ces airs patriotiques. L'état désespérant de mon organe me fit refuser avec un bien vif regret : alors, ne voulant point comprendre qu'un chanteur, dans certaines dispositions, peut perdre soudainement la voix et par conséquent son existence, cette société m'a traité avec une fureur atroce.

O jésuitisme, voilà de tes coups! En effet, ne suis-je pas autorisé à croire que c'est une vengeance particulière qui me vient des ennemis même de l'état de choses? Je crois prouver ce que j'avance par ce qui suit. Comment se peut il faire que des chants de liberté dans lesquels on sait que j'ai la triple part d'*auteur*, de *compositeur* et d'*acteur*, soient devenus pour moi un signal de réprobation et d'esclavage? Comment se peut-il faire qu'après m'être dévoué plus que personne, en ce qui me concerne, à la cause nationale, je sois frappé de haine et de proscription? Enfin de tous côtés je ne vois qu'un horrible danger. Si je continue à déclamer ces chants nationaux, *mon état est perdu sans retour*; et si, sur mes refus légaux d'obtempérer au désir qu'on émet de les entendre, on ose exercer sur moi une ignoble vengeance, *mon état est encore perdu*. Ce mal ne viendra pas certainement de bons citoyens, des héros des trois jours par exemple : ceux-là sentent trop bien le prix d'une liberté qu'ils ont si chèrement acquise pour la faire dégénérer ainsi en licence, en despotisme et en anarchie. Quant à la société sifflante du dimanche 6 février courant, qui a proféré pendant deux heures des clameurs indécentes, qui a commis un scandale inconnu jusqu'alors, qui a manqué à toutes les convenances, à toutes les lois sociales, à tout respect humain, puisse cet écrit la convaincre et lui faire sentir avec quelle injustice inouïe elle a offensé dans ma personne toute une classe de citoyens qui compte parmi elle des martyrs de la liberté, des poètes qui la célèbrent, d'autres qui lui prêtent leurs accents, une classe enfin dont chaque membre est prêt à verser son sang pour son roi-citoyen, pour sa patrie et ses chères couleurs.

Vive la liberté! vive le roi! vive la Charte!

CHOLLET,
Artiste du théâtre royal de l'Opéra-Comique.

Ce n'est pas tout. Féréol, qui à la soirée du 6 avait reçu quelques éclaboussures, éprouva aussi le besoin de haranguer ses concitoyens. Il prit la parole à son tour, et envoya aux journaux une lettre qui débutait ainsi :

Je suis un imbécile, vous pourrez en juger par mon nom et ma lettre; au reste je suis payé pour l'être à l'Opéra-Comique. Je vous vois d'ici demander pourquoi l'on me solde pour cela, tandis qu'une foule d'autres... Ça ne me regarde pas....

Je suis un imbécile, et vous prie en conséquence de m'éclairer sur un point. Pourriez-vous me dire ce qu'on entend par ces mots : *Liberté, ordre public ?*

Puis l'acteur se lançait dans des considérations assez obscures, et concluant comme il avait commencé, ajoutait :

Qui sommes-nous donc, pauvres diables de comédiens ? Nous sommes citoyens comme tous ; nous payons de nos fortunes et de nos personnes aussi bien que tous : liberté pour tous, liberté pour nous ! Sommes-nous donc pas des hommes ? parce qu'on a donné 44 sous à la porte, a-t-on le droit d'exiger que nous soyons les esclaves des moindres caprices ? et faudrait-il, s'il prend envie à chacun des spectateurs d'entendre un air qui ne sera pas annoncé, que nous venions satisfaire à chaque demande ? . . . .

Veuillez, je vous prie, éclaircir mes idées, qui, je le vois, s'embrouillent de plus en plus sur ce point, et croire à toute la gratitude que j'aurai de ce petit service, qui cependant ne tirera pas à conséquence, soyez-en certain ; c'est-à-dire que je tâcherai d'être, comme par le passé, aussi bête que possible.

A. Féréol.

A la fin de janvier 1831, Singier quittait la direction de l'Opéra-Comique. Pendant les six mois qu'avait duré sa gestion, il avait monté sept ouvrages, sur lesquels nous comptons :

1° Cinq pièces en un acte : *Trois jours en une heure*, dont nous avons déjà parlé; *la Langue musicale* de Saint-Yves, musique d'Halévy ; *l'Amazone* de Mélesville, musique d'A. de Beauplan ; *Joséphine* ; *le Diable à Séville*, œuvre d'un très mauvais librettiste, Hurtadou, et d'un musicien espagnol bien doué, Gomis.

2° Deux opéras comiques en trois actes : *l'Enlèvement*, ou *les Guelfes et les Gibelins*, essai malheureux à la scène de l'excellent pianiste et professeur Zimmermann ; *les Deux Familles*, de Planard, musique de Théodore Labarre.

C'est à propos des *Deux Familles* que des dissentiments éclatèrent entre Singier et Boursault, l'un voulant, l'autre ne voulant pas monter l'ouvrage de Labarre, reçu sur la recommandation de Boïeldieu. Après discussions et arbitrages, Singier se retira avec vingt mille francs d'indemnité. Il fut remplacé par Merle, sous la direction duquel parurent deux petits

ouvrages en un acte : *la Veillée*, musique de Paris, un élève
de Lesueur, représentée le 14 février ; *le Morceau d'ensemble*,
d'Adolphe Adam, joué le 7 mars 1831.

Cependant le théâtre était loin de prospérer ; quatre bals
masqués donnés pendant le carnaval ne purent rétablir entre
les recettes et les dépenses un équilibre dès longtemps rompu.
Les propriétaires de Ventadour crurent améliorer leur situation en appelant à eux Lubbert, qui venait de quitter la direction de l'Opéra, et qui avait un vieux renom d'administrateur.
Lubbert prit l'Opéra-Comique à l'essai pour un mois.

Tout d'abord il fit montre de grands projets. La salle Ventadour, disait-il, était la plus belle de Paris ; l'Opéra même ne
pouvait rivaliser avec elle sous le rapport du luxe, de l'élégance et du confort : pourquoi condamner un si bel édifice
au genre étriqué de l'Opéra-Comique? Et Lubbert ne parlait de
rien moins que d'engager Levasseur, Mmes Dabbadie et Damoreau, d'installer un corps de ballet avec Paul et Mme Mon-
tessu pour étoiles. C'est alors que Véron, son sucesseur à la
direction de l'Académie de musique, inséra dans sa *Revue de
Paris* la note suivante, dont la perfidie savante fait penser
aux pralines empoisonnées des Médicis et des Valois :

La direction de l'Opéra-Comique n'est pas encore définitivement
aux mains de M. Lubbert, qui, ayant une réputation à soutenir,
calcule, hésite, compte avec les difficultés et avec lui-même, afin
de ne pas accepter une entreprise dont la mauvaise étoile soit plus
forte que son habileté. Plusieurs modifications importantes, peut-
être do chanceuses innovations entreraient dans le plan qu'il mé-
dite. Au milieu de toutes les hésitations, reste un fait bien positif
et bien établi, c'est l'aptitude non équivoque du nouvel administrateur à sauver ce théâtre en ruines, si tant est qu'il puisse
être sauvé. En quittant la direction de l'Opéra, M. Lubbert a em-
porté intacte une haute réputation d'habileté. Chacun a compris
seulement, qu'engagé avec un système dont la doctrine à peu près
fondamentale était la religion des abus, il devait laisser à d'autres
mains le soin d'une régénération (1). Prophète en un autre pays,
M. Lubbert accomplira peut-être des miracles qu'il ne pouvait
même pas rêver à l'Académie royale. Administrer avec talent,

---

(1) Lubbert avait été nommé directeur de l'Opéra sous le régime
précédent, grâce aux ducs d'Aumont et de La Rochefoucauld, ce qui
fut considéré en 1832 comme un vice d'origine. C'est pour cela
qu'il fut forcé de se démettre et de céder la place au docteur Véron.

comme il l'a fait, l'Opéra, c'est là sans doute un mérite ; mais forcer le théâtre Ventadour à ne pas mourir, ce sera une gloire, une création : quelque chose de rien !

La réaction commençait contre la salle Ventadour : nous la verrons à partir de ce moment s'accentuer peu à peu jusqu'à devenir un *tolle*, un haro général. Au mois de mars 1831, les recettes tombèrent plus bas qu'elles n'avaient encore été. On décida une fermeture qui eut lieu le 7 avril, et on procéda à une réorganisation de l'Opéra-Comique. Quelques améliora-ions furent apportées à la salle : la scène fut exhaussée et avancée dans le cintre. Un orchestre de quatre-vingts exécu-tants fut engagé : à sa tête on plaça Valentino, qui venait de céder le bâton de l'Opéra. Enfin, après une fausse ouverture faite le jour de la Saint-Philippe pour une représentation gra-tuite, le théâtre de l'Opéra-Comique restauré donna, le 3 mai 1831, la première représentation de *Zampa, ou la Fiancée de marbre*.

Ce fut pour l'art français un grand jour que celui qui vit naître le chef-d'œuvre de Hérold, qui est aussi le chef-d'œuvre de l'opéra-comique. Un seul ouvrage, sur notre seconde scène lyrique, peut être opposé à *Zampa* : c'est le *Pré-aux-Clercs*, où la donnée sérieuse du drame a fourni à l'inspiration du mu-sicien l'occasion de s'élever jusqu'aux dernières limites per-mises par le genre. Mais *Zampa* est plus varié, plus brillant, parle davantage à l'imagination. Le côté fantastique y est traité avec toute l'ingéniosité possible ; l'esprit y abonde, et les scènes de passion y sont développées dans un style entraî-nant. Aussi, malgré l'invraisemblance du poème et l'odieux français qui y est parlé, *Zampa* était assuré d'une carrière longue et glorieuse, grâce à une musique transparente et claire, dont l'inaltérable fraîcheur nous charme encore aujour-d'hui.

Voici comment étaient distribués les rôles de cette mémo-rable création : Zampa, Chollet ; Alphonse, Moreau-Sainti ; Daniel, Féréol ; Dandolo, Juillet ; Camille, Mme Casimir : Rita, Mme Boulanger. Tous les morceaux furent applaudis ; depuis l'ouverture si colorée, si neuve pour son temps, depuis le chœur d'introduction et la première romance d'une si suave simplicité, sur ces paroles :

> Lorsque celui que j'aime
> N'est pas auprès de moi...

jusqu'au duo final, que Chollet et Mme Casimir enlevèrent avec un feu inconnu jusqu'alors à l'Opéra-Comique, chaque note fut pour ainsi dire accueillie avec transport. L'enthousiasme éclata surtout après la ballade, dite avec émotion par Mme Casimir, et au magnifique finale du premier acte.

Les décorations de Gué, la mise en scène réglée par Salomé, régisseur, furent remarquées. Les jours suivants, ce n'était dans la presse qu'un concert d'éloges. Si malheureusement on a pu voir quelquefois des œuvres remarquables mal accueillies ou peu comprises des contemporains, il est agréable de constater cette unanimité dans la louange à l'éclosion d'un chef-d'œuvre. C'est là un fait tout à l'honneur de la critique musicale de 1830, qu'on nous représente quelquefois comme ignorante et aussi dénuée de sincérité que de lumières. Nous avons lu une dizaine d'articles sur *Zampa*. Tous sont remarquablement bien écrits, dans le style quelque peu solennel de l'époque. Le poème de Mélesville, qui nous paraît vieux aujourd'hui, l'était déjà, paraît-il, le jour où il fut écrit ; les journalistes s'amusent à compter ses rides, tandis qu'ils ne tarissent pas d'exclamations laudatives en face de la brillante jeunesse du compositeur.

Après quatorze représentations de *Zampa*, des indispositions de Mme Casimir, puis de Moreau-Sainti, interrompirent la série ; l'ouvrage était repris le 24 juin et retrouvait son succès du premier jour.

Le 9 juillet, nous voyons paraître une pièce nouvelle : *le Grand-Prix ou le Voyage à frais communs*, trois actes de Gabriel et Masson, musique d'Adam. Un jeune musicien est épris de la fille du directeur de l'école de Rome ; un de ses camarades, lauréat de l'Institut pour la peinture, a découvert un M. Duplessis, qui se rend dans la ville éternelle et sera enchanté d'avoir un compagnon de voyage capable de contribuer à la location de sa voiture. Ce Duplessis se trouve justement être l'époux qu'on destine à Octavie. Après d'assez nombreux quiproquos, tout se termine comme il convient à l'Opéra-Comique, par le mariage des deux jeunes gens. La musique, bien écrite, mélodique dans le sens banal du mot, mais sans relief, sans originalité, n'avait pas ce qu'il fallait pour attirer la foule. Or, l'exploitation du théâtre était toujours onéreuse ; Lubbert commençait à se sentir obéré. Les acteurs, qui avaient conçu à son avènement l'espérance d'une situation plus assurée, virent bientôt les paiements de leurs appointements subir, tout comme sous les directions précédentes, des retards fâcheux. Il fallait maintenant, pour toucher son mois, envoyer une sommation au directeur. De telles conditions sont peu favorables à un travail sérieux et soutenu, tel qu'il eût été nécessaire pour relever l'Opéra-Comique. Cependant, on arriva à monter *le Livre de l'Ermite*, deux actes d'Eugène (prénom peu compromettant que portaient à la fois Planard et Scribe) et Duport, musique de Carafa. Cette pièce fut jouée le 11 août, par Chollet, Boullard, Moreau-Sainti, Mmes Prévost et Pradher; trois jours après, le 14 août, les musiciens de l'orchestre, qui n'avaient pas été payés depuis longtemps, refusaient le service, et de nouveau le théâtre était fermé.

Voilà qui devenait grave : une situation aussi précaire que paraissait l'être celle de l'Opéra-Comique méritait d'être étudiée de près. Aussi pendant les deux mois environ que durèrent ces vacances forcées, que d'agitations, que de projets, de plans, de rêves, quel flux de paroles et d'encre! L'avis était à peu près unanime sur la salle Ventadour considérée comme théâtre d'opéra comique, et l'on commençait à reconnaître qu'elle était en réalité peu propice au développement du genre qui y avait été logé. Trop grande, trop belle, trop ornée, elle avait en outre le défaut de se trouver dans un quartier peu fréquenté par le public ordinaire de ce spectacle. Placée en recul de la rue Neuve-des-Petits-Champs, elle n'avait aucune chance d'attirer le passant.

Ces conditions étaient évidemment des plus défavorables. Le célèbre Harel, alors directeur du théâtre de l'Odéon, renouvelant une proposition déjà mise en avant au mois de mars, offrit de venir au secours de l'Opéra-Comique en amenant sa troupe, de deux jours l'un, rue Ventadour. On aurait ainsi joué sur la même scène tantôt le drame avec Mlle Georges, tantôt l'opéra comique avec l'excellente troupe en exercice : Chollet, Féréol, Henri, les époux Lemonnier, les dames Pradher et Casimir. Ce projet rencontra une vive opposition parmi quelques-uns des actionnaires, amateurs exclusifs d'opéra comique, et qui d'ailleurs craignaient, s'ils acceptaient le partage en question, de perdre leurs droits au privilège : l'arrêté ministériel qui avait attaché ce privilège à la salle Ventadour ne portait-il pas qu'on devait y jouer l'opéra comique *tous les jours*? Les compositeurs de musique ne se montrèrent pas plus désireux d'une combinaison qui leur semblait devoir

les priver de la moitié de leurs revenus. En vain les partisans
du projet essayèrent de démontrer le contraire, disant :
« Vous touchez des droits chaque jour, soit, mais sur quelles
sommes ? Les recettes sont de huit ou dix louis : on en a fait
une, un soir, de cinquante-neuf francs ! Ne vaut-il pas mieux
toucher la même proportion tous les deux jours, mais sur de
vraies recettes ? Ce qu'il faut, c'est faire parler de Ventadour;
tout moyen sera bon, pourvu que le public apprenne le chemin
de ce malheureux théâtre. »

Auber, Carafa, Herold, ne se laissèrent pas convaincre. D'ailleurs la Comédie-Française ne voyait pas sans déplaisir le second
Théâtre-Français transporté dans son voisinage. Elle s'empressa
de rappeler les termes des arrêtés et soutint que l'opéra
comique seul pouvait et devait être représenté dans la
salle Ventadour. Le ministère se rangea à cet avis, et la
combinaison Harel fut abandonnée. D'ailleurs ce plan n'était
pas ce qu'on pouvait trouver de mieux en faveur de
l'Opéra-Comique. Les amis les plus clairvoyants de ce spectacle et de la musique nationale commencèrent dès lors à
en préconiser un autre, qui avait pour lui, il faut le dire,
tous les avantages. Il s'agissait tout simplement de transporter
les Bouffes (Théâtre-Italien) à l'Odéon, et d'installer l'Opéra-
Comique à leur place, salle Favart. Les Italiens, pourvus d'un
public d'abonnés qui se recrutait dans les rangs élevés de la
société, n'auraient point à souffrir de leur éloignement : les
dilettanti, les fanatiques de Rubini, de Garcia, de la Pasta,
avaient tous voiture, et suivraient leurs rossignols préférés
jusque sur la rive gauche. L'Opéra-Comique, qui s'adresse à
la classe moyenne, ne pouvait être soumis sans danger aux
mêmes conditions d'existence; évidemment il avait tout intérêt à quitter un local trop retiré pour se rapprocher des quartiers
vivants et populeux. On le vit bien plus tard. Pour le moment
rien n'aboutit. Un replâtrage eut lieu, grâce à des concessions
mutuelles. Le loyer de la salle, déjà abaissé à cent mille francs au
moment de l'entrée en possession de Lubbert, fut réduit à quatre-
vingt mille. Boursault intervint, et mit libéralement son
coffre-fort et son crédit à la disposition de l'Opéra-Comique :
générosité qui, d'après Ch. Maurice, ne lui coûta pas moins
de huit cent mille francs dans une année. Au moment où le
théâtre avait fermé ses portes, les engagements des artistes
avaient encore vingt mois à courir. Par suite d'un arrangement à
l'amiable, les acteurs consentirent à une réduction de la moitié

de leurs appointements, la somme qui restait due étant payée en deux fois par Boursault : à savoir la moitié (c'est-à-dire le quart du chiffre total) comptant, et la moitié dans cinq mois. Cela valait encore mieux pour eux que de courir la province comme avait essayé de le faire Mme Casimir : aussitôt après la fermeture, l'excellente artiste ayant été donner une représentation à Bordeaux, la recette s'était élevée à la somme de sept cents francs ! et ce n'était qu'au-dessus de cinq cents francs, montant des frais, qu'elle partageait avec le directeur ! Ce qui faisait dire très judicieusement à Ch. Maurice : « La capitale est encore le seul lieu du monde où les divers mérites de ce genre trouvent un asile assuré et de généreux protecteurs, toujours prêts à traiter gravement ce qu'en tout autre endroit on appelle frivolités. »

Lubbert reprit donc la direction de l'Opéra-Comique, aidé de Salomé, régisseur, et soutenu par Boursault. Sur un avis du ministère, qui s'était ému de la fermeture prolongée, et avait signifié qu'on eût à ouvrir le 8 octobre, on afficha pour ce jour-là *Fra Diavolo* et *le Livre de l'Ermite* ; mais Chollet ayant refusé de paraître dans deux pièces le même soir, *Fra Diavolo* céda le pas à *la Dame blanche*. Le prix des places avait subi une notable diminution. Ni cet abaissement, hélas ! ni les promesses de l'affiche ne réussirent à remplir la salle. La représentation faillit ne pas avoir lieu. Les acteurs attendaient toujours l'exécution des promesses faites, et comme la caisse ne s'était pas encore ouverte pour eux, ils ne savaient trop s'ils devaient jouer. Les spectateurs, peu nombreux mais impatients, réclamaient le lever de la toile : le commissaire de police monta sur la scène pour engager les artistes à paraître. Ceux-ci hésitaient encore ; ils cédèrent enfin aux prières et aux supplications des machinistes, garçons et hommes de peine du théâtre, pauvres gens trop longtemps privés de leur gagne-pain. Mais ils jouèrent froidement, et comme découragés. A minuit, à l'heure où le guichet du comptable devait s'abaisser, et où chacun, disait-on, serait payé, on vit venir Lubbert, accompagné de Poirson, directeur des théâtres du Gymnase et du Palais-Royal, mais les mains vides. Poirson offrit aux artistes sa propre signature pour quarante mille francs ; Boursault voulait bien réaliser comptant la moitié de cette somme. Ces conditions furent acceptées : les contrats reprirent dès lors vigueur pour dix-huit mois, et à partir de ce jour, les représentations continuèrent sans encombre.

Le 17 octobre était donné pour la première fois *le Roi de* *Sicile*, bouffonnerie en un acte, de Casimir Gide, le musicien-libraire, sur un poème de Dulac et Frédéric Soulié. Mais une nouveauté importante devenait nécessaire. On l'avait commandée à Castil-Blaze. Dans les temps ordinaires, le profil de Castil-Blaze, avec son chapeau espagnol et ses foulards multicolores, aperçu aux environs du théâtre de l'Opéra-Comique, suffisait à jeter l'inquiétude dans le camp des compositeurs. Le traducteur des opéras de Rossini, l'arrangeur de *Robin des Bois*, des *Folies amoureuses* et de *la Forêt de Sénart*, était redouté par les fournisseurs ordinaires de l'Opéra-Comique, comme un accapareur entreprenant qui pourrait bien, à un moment donné, essayer d'empiéter sur le terrain réservé à la musique nationale. Le 24 juillet 1831, dans une représentation extraordinaire donnée au bénéfice d'un employé, les artistes de l'Opéra-Comique avaient joué *la Pie voleuse* ; le lendemain, une lettre collective informait le directeur du théâtre que s'il continuait à jouer des traductions, tous les auteurs et musiciens étaient décidés à retirer leurs pièces. Mais au mois d'octobre, Castil-Blaze, venant en compagnie de Scribe, et le manuscrit de *la Marquise de Brinvilliers* sous le bras, fut accueilli comme un libérateur.

Comme il fallait aller vite, la direction eut l'idée de s'adresser pour la musique à plusieurs compositeurs ; tous acceptèrent avec empressement. La besogne fut partagée entre Boïeldieu, Berton, Batton, Auber, Herold, Blangini, Carafa, Paër et Cherubini. La partition contenait dix morceaux : chacun en fit un ; Blangini seul en eut deux en partage, et Carafa, en sus de son finale du deuxième acte, écrivit l'ouverture. Les talents les plus divers, on le voit, mais aussi les plus sympathiques au public d'alors étaient venus, dans cette collaboration singulière, au secours du théâtre national. Le succès de *la Marquise de Brinvilliers* fut médiocre. L'Opéra-Comique passa tant bien que mal le mois de novembre, faisant débuter un assez bon chanteur, Andrieu, et trois cantatrices pour qui la presse n'eut que des éloges : Mmes Martinet, Raimbaux et Clara Maguelon. Mais une nouvelle secousse était proche : le 8 décembre, à minuit, la direction, ayant sans doute renoncé à tout espoir de réussite, faisait savoir à ses pensionnaires qu'ils emportaient ce soir-là, en quittant le théâtre, la libre disposition de leurs personnes. Tout était donc perdu pour Lubbert, même l'honneur. Les artistes crurent devoir écrire

1831 une lettre aux journaux pour dégager leur responsabilité des évènements. Cette lettre a déjà été citée, notamment dans le très intéressant livre de M. A. Malliot, la *Musique au théâtre;* nous la reproduisons cependant, parce qu'avec sa simplicité de forme et de style elle fournit sur la situation de décembre 1831 le plus sincère des documents. La voici :

Comme le théâtre de l'Opéra-comique se trouve fermé pour la seconde fois, en dix mois, sous la direction de M. Lubbert, et que le public ignore les causes de ces fermetures réitérées; pour éviter la solidarité de cet évènement, il est de l'intérêt des artistes de faire connaître les charges qui pèsent sur l'administration.

La salle Ventadour, le duc d'Aumont et le peu de protection accordé à l'ancienne société ont été cause de sa dissolution. On a vu la maison du roi refuser à des Français la salle Favart, berceau de l'Opéra-Comique, pour la donner aux Italiens avec une subvention de 70,000 francs, lorsqu'en même temps on imposait la salle Ventadour aux sociétaires de Feydeau, avec l'unique secours de 24,000 francs, puisque sur une subvention de 150,000 francs il fallait servir 126,000 francs de pension. Ils préférèrent tout abandonner plutôt que d'accepter ce qui les eût ruinés comme les directions qui leur ont succédé.

Comment, en effet, supporter un loyer de 160,000 francs qui comporte en outre 300 entrées d'actionnaires, sans compter 20 ou 25 loges gratuites (1)? Comment résister aux frais énormes de toute nature occasionnés par la grandeur du local, grandeur peu en harmonie, d'ailleurs, avec le genre de l'Opéra-Comique ?

Pour que cette administration puisse prospérer, il lui faut donc une subvention suffisante et une salle *gratis.* C'est ce que le gouvernement entendra sans doute, car il faut un Opéra-Comique à Paris. Il le faut pour la musique française, car bien peu de nos compositeurs peuvent arriver au Grand-Opéra ; il le faut pour la province, qui ne peut avoir de spectacle sans l'Opéra-Comique ; il le faut enfin parce que ce genre fait vivre des milliers d'employés que chaque fermeture plonge dans la plus affreuse misère. Il en est un grand nombre qui, depuis trois mois, n'ont pas touché un sou, et si l'autorité ne prend une prompte mesure pour arrêter le mal, il ne leur restera que deux partis . la *mendicité* ou le *suicide.*

A. FÉRÉOL, LEMONNIER, V. RIFAUT, CHOLLET, ERNEST, HOCKES, LOUVET.
Pour tous les artistes de l'Opéra-Comique.

(1) Le changement de gouvernement avait encore diminué les bénéfices du théâtre, qui n'eut plus rien à espérer des 30,000 francs.

Depuis le mois de janvier 1831, les théâtres nationaux ne dépendaient plus de la liste civile. La question des subventions devait être examinée par les Chambres ; quant à l'administration de tous les jours, les beaux-arts et par conséquent les spectacles avaient été mis dans les attributions du ministère du commerce et des travaux publics. La fermeture de l'Opéra-Comique, après quelques mois seulement d'exploitation, préoccupa vivement l'autorité. Les propriétaires de la salle Ventadour furent prévenus qu'ils n'avaient que dix jours pour rouvrir le théâtre, s'ils voulaient conserver le privilège dont ils étaient possesseurs.

Pixérécourt, qui avait eu autrefois la direction de l'Opéra-Comique, proposa aux acteurs de fonder une société anonyme sur le modèle de celle du Théâtre-Français, s'offrant à en être le gérant. Mais ce qui est possible, sinon facile, entre comédiens, devient, pour mille raisons inutiles à développer, une irréalisable utopie dans un théâtre de musique. D'ailleurs, la question du privilège était un obstacle à tout. La première condition du relèvement de l'Opéra-Comique était de changer de salle. « Fuyez Ventadour ! » disait-on de toutes parts aux artistes. Oui, mais hors de Ventadour, pas de privilège, pas de subvention, plus de pensions pour les retraités ! C'est, du moins, ce que craignaient les acteurs, et l'opinion des bureaux semblait pencher vers cette interprétation littérale des règlements. Les actionnaires, ayant rencontré de grandes difficultés, obtinrent un sursis du ministère et rouvrirent le 14 janvier 1832. La direction avait été confiée à Emile Laurent, ex-directeur des Italiens ; Lemélhayer était régisseur général.

Le spectacle du samedi 14 janvier se composait du *Concert à la cour* et de *Zampa*. Le lendemain, on jouait *Fra Diavolo* et *la Dame blanche*. Puis reparurent successivement *Emma* et *la Marquise de Brinvilliers*. De nouveaux débuts avaient lieu, et de jeunes artistes venaient s'ajouter à la troupe déjà très complète. Mais le malheur semblait s'acharner sur le théâtre : le 31 janvier, tandis qu'on jouait *le Muletier*, une explosion de gaz effrayait le public. Cet accident, qui n'eut pas de suites

(marginal: 1831)
(marginal: 1832)

que l'ancienne liste civile ajoutait à la subvention. Moins riche ou moins généreux que ses cousins, Louis-Philippe ne louait plus ses loges à l'année, mais seulement à la représentation, les jours où il allait au spectacle.

1832 graves, n'empêcha pas de donner une pièce nouvelle le 6 février suivant.

Rien ne montre le désarroi de la direction comme le choix de cette pièce. La musique n'entrait pour rien dans *Térésa*. Écrit par Alexandre Dumas en vue de la Comédie-Française, impossible à l'Odéon et à la Porte-Saint-Martin en raison de certaines difficultés de distribution, ce drame avait été mis en répétition sur le petit théâtre des Nouveautés, puis retiré par l'auteur, dont les exigences n'avaient pas été satisfaites. L'Opéra-Comique en hérita. Douze jours furent employés par Dumas à écrire le cinquième acte, qui n'était pas fait, à étudier et à mettre en scène le tout. On avait d'abord eu l'intention de demander quelques morceaux à Meyerbeer ; mais, le maître étant parti pour Londres, on dut renoncer à ce projet, et se contenter pour toute manifestation musicale d'une ballade chantée par Féréol, et des ouvertures de *Robin des Bois*, des *Mystères d'Isis*, d'*Oberon* et de *Stratonice*, intercalées dans les entr'actes.

Térésa fut jouée par Mlle Ida Ferrier, Bocage, Adolphe, Thénard, Féréol, Génot, Moreau-Sainti, Mlle Buttel. C'est une de ces conceptions qui ne pouvaient se produire qu'à un moment où le romantisme accumulait sur le théâtre et dans la littérature les exagérations de toute sorte. Le poignard, l'adultère, tout l'arsenal des noirceurs possibles dans un monde de fantastiques horreurs y était mis à contribution. C'était un formidable entassement de crimes. Comme toutes les productions de la nouvelle école, *Térésa* provoqua des contradictions ardentes. Ch. Maurice, faisant le compte rendu au *Courrier des théâtres*, résumait ainsi son appréciation : « C'est d'un abominable cynisme d'immoralité, dans lequel, par bonheur, l'absurde l'emporte sur le reste. » Quelques jours après, dans sa chaire du Collège de France, un professeur tonnait contre « ces dévergondages de raison que l'on croit du génie » et disait : « Nous en sommes au point de remettre en question si le théâtre est l'ornement ou bien le fléau de la société ! »

Térésa ne porta pas bonheur au théâtre de l'Opéra-Comique ; *le Mannequin de Bergame*, un acte de Planard et Duport, mis en musique par Fétis, joué le 1er mars 1832, eût pu faire patienter le public en attendant un ouvrage plus important. Mais cet ouvrage, qui l'apporterait ? La ruine, visible pour tous, étendait sa lourde main sur Ventadour. C'était une chose singulière et navrante que l'aspect du théâtre royal de l'Opéra-Comique dans la première quinzaine de mars 1832. Dans les boutiques du rez-de-chaussée, on avait installé des *bouillons,* où les consommateurs avaient, sur ceux qui fréquen tent aujourd'hui ce genre d'établissement, l'avantage de pouvoir lire les journaux. La douteuse lumière qui sortait de ces rendez-vous gastronomiques constituait, le soir, la seule illumination de l'extérieur. Pénétrait-on dans le monument, de corridors à peine éclairés conduisaient le spectateur dans une salle à moitié vide, où les quinquets épars remplaçaient le gaz refusé par la Compagnie royale. La représentation, il est à peine besoin de le dire, languissait horriblement. Durant les entr'actes, c'étaient au foyer des groupes tumultueux, de bruyantes conversations, où actionnaires, abonnés, journalistes discutaient à haute voix non les mérites divers de la musique de Herold et de celle d'Auber, non la préférence à accorder à Martin sur Chollet, ou à Mme Lemonnier sur Mme Casimir, mais la question de savoir si le théâtre ouvrirait le lendemain. Le 15 mars, il n'ouvrit pas.

A ce moment, la colère contre Ventadour ne connut plus de bornes. « Salle maudite! localité funeste! » disait-on de toutes parts. « Pelle et pioche! » criait Maurice dans ses petits paragraphes, et le *Journal des comédiens* ajoutait: « La salle de l'Odéon elle-même (!) est plus connue et moins véritablement isolée que la salle Ventadour. » Et l'on récriminait contre le gouvernement tombé, contre l'ancienne administration des beaux-arts, contre le duc d'Aumont, cause de tout le mal. Les plus enragés disaient : « D'ailleurs, que pouvait-on espérer d'heureux dans une salle bâtie par le Roi-Jésuite? »

On fut pourtant bien aise de l'avoir, cette salle, pour y établir une ambulance lors du terrible fléau qui désola Paris dans l'hiver et au printemps de 1832. Le choléra passé, les médecins quittèrent le vestibule de la loge royale, où ils étaient restés plusieurs semaines en station permanente, et la solitude se fit sur la place Ventadour.

Un dernier écho avait résonné le 22 mars sous les voûtes du monument, et pour un soir ramené la foule des amateurs dans la salle refroidie. Mme Lemonnier, après vingt-deux ans de service, fit ce jour-là ses adieux au public dans une représentation extraordinaire, où parurent tous les acteurs, anciens et nouveaux, de l'Opéra-Comique. Accueilli à son entrée par quatre salves d'applaudissements, Martin, quoique en proie à

1832 une émotion profonde qui lui ôtait une partie de ses moyens, étonna encore les auditeurs par les prodiges de son chant. Puis vint une sorte d'à-propos intitulé *la Représentation à bénéfice*. C'était le tableau des embarras que Mme Lemonnier elle-même avait éprouvés pour réunir les éléments de la soirée. La pièce était fort gaie, on s'y amusa beaucoup, jusqu'au moment où les anciens acteurs retirés vinrent l'un après l'autre sur la scène, reconnus et nommés par Henri Monnier. Une sorte d'attendrissement s'empara alors du public, qui manifesta sa sympathie par des bravos sans fin. La recette s'élevait à douze mille francs.

Boursault et le groupe d'actionnaires que dirigeait son influence ne pouvaient plus espérer de retenir l'Opéra-Comique dans un immeuble condamné par une série de fatales expériences. Le ministère leur avait donné quinze jours pour reconstituer la troupe, mais les acteurs s'étaient envolés aux quatre coins de la province, fuyant à la fois l'oisiveté et le choléra. D'ailleurs, l'opinion était unanime à proclamer que l'exploitation du second théâtre lyrique était impossible dans le monument que l'Opéra-Comique devait aux libéralités du duc d'Aumont. Un abonné du *Courrier des théâtres*, dans une lettre publiée par ce journal, établissait ainsi le budget des dépenses forcées à la salle Ventadour :

Personnel.	Fr. 495.800
Matériel.	271.326
Total.	Fr. 767.126

En ajoutant à cette somme les droits des auteurs et l'impôt des pauvres, on arrivait à une somme de 947,426 francs. Pour atteindre ce chiffre, représentant le montant des frais sans aucun bénéfice, il eût fallu que l'Opéra-Comique fît chaque jour une recette de *deux mille six cents francs !* Et cela à une époque où, sans parler de l'épidémie, des émeutes quotidiennes emplissaient la capitale, et où la Porte-Saint-Denis, rendez-vous des agitateurs, avait pour la population parisienne infiniment plus d'attraits que le spectacle le plus parfait et le mieux composé ! L'auteur anonyme de cette lettre ajoutait :

La salle Ventadour restera comme un monument de l'ineptie de la direction des beaux-arts. Cette salle, qui a coûté près de sept millions à l'ancienne liste civile, qui, malheureusement, dépensait son argent avec plus de générosité que d'intelligence, semble avoir été construite en dépit du bon sens : mauvais choix de l'emplacement, coupe vicieuse, proportion hors de rapport avec le genre, tout semble y avoir été réuni pour nuire au théâtre qu'on se proposait d'y placer. Ajoutez à cela qu'après avoir fait la faute de la bâtir, on a fait celle de la vendre ; que pour rentrer à peu près dans le tiers de l'argent qu'elle avait coûté, on s'est privé des moyens de loger gratis un théâtre royal, et qu'on a si mal agencé cette affaire qu'on a affecté la subvention et le privilège au contrat ; enfin on a mis l'Opéra-Comique sous la dépendance d'une réunion de spéculateurs...

... Dans l'état des choses, la situation de l'Opéra-Comique n'est pas tenable. Les premières mesures à prendre pour la changer d'une manière favorable sont :

1° D'obtenir du gouvernement une subvention d'au moins 150,000 francs ;

2° Une salle à titre gratuit, plus commode, moins vaste et mieux située que la salle Ventadour ;

3° Le dégrèvement des anciennes pensions, qui resteraient à la charge du gouvernement.

Mais, pour le succès de ce projet, il faut un ministre des beaux-arts qui soit pénétré de sa mission et de ses devoirs, un ministre qui ne considère pas les théâtres comme un embarras politique, mais qui les protège et les encourage comme une des gloires de la France. Avant peu nous verrons si ce ministre est M. d'Argout, et s'il comprend son ministère comme Colbert ou comme Corbière.

Sans être un Colbert, M. d'Argout s'acquitta fort convenablement de la tâche que son rôle lui imposait. Il obtint des Chambres la subvention demandée, mais toujours, il est vrai, avec affectation au paiement des pensions de retraite. Au bout de six mois, les artistes de l'Opéra-Comique fondèrent enfin une société, avec Paul Dutreich pour gérant; puis ils louèrent la petite salle des Nouveautés, située place de la Bourse, et, le 22 septembre, posèrent leurs affiches. Les propriétaires de Ventadour, qui, malgré toute évidence, se prétendaient encore possesseurs du privilège de l'Opéra-Comique, voulurent empêcher leurs anciens locataires d'exercer leur industrie dans une autre maison que la leur. Ils introduisirent une instance, mais Paul gagna la cause des acteurs en référé, et la réouverture de l'Opéra-Comique se fit sans encombre dans la salle des Nouveautés. Est-ce pour

1832 narguer leurs adversaires vaincus que les artistes firent annoncer dès le lendemain la mise à l'étude d'un ouvrage intitulé :

LE CHATEAU D'URTHUBY

ou

LE PROPRIÉTAIRE SANS PROPRIÉTÉ?

III

(1834-35.)

L'Opéra-Comique ayant transporté ses dieux lares à la place de la Bourse, la magnifique salle qu'on avait bâtie pour lui resta vide quelque temps. Les portes de Ventadour ne s'ouvrirent plus que vers le milieu de l'année 1834. Un nommé Saint-Stephen ou San-Esteban, (les deux noms se trouvent indifféremment sous la plume des journalistes de l'époque), obtint la concession d'un privilège de THÉATRE NAUTIQUE, où il devait jouer des ballets et pantomimes. On construisit sur la scène un bassin que l'on remplit d'eau naturelle, — l'arrêté ministériel l'exigeait, paraît-il, — et capable de se prêter aux joutes et autres exercices que les *sportsmen* du canotage n'avaient pas encore mis à la mode et qui piquèrent quelque temps l'épiderme de la curiosité parisienne.

L'ouverture du Théâtre-Nautique, retardée de quelques semaines par un accident arrivé au maître de ballets et premier mime, Henri, eut lieu le 10 juin 1834. Le spectacle se composait des *Ondines*, prologue, et de *Guillaume Tell*, ballet-pantomime en quatre actes. Le scénario était l'œuvre d'Henri ; la musique fut écrite par Strunz. Quant aux décors, ils étaient d'un maître, Cicéri ; et celui qui encadrait le prologue des *Ondines* provoqua les exclamations admiratives des spectateurs du premier soir. Les danses, réglées à l'italienne, étaient exécutées avec une admirable précision et une concordance parfaite du geste et de la musique. Entre les deux pièces, l'orchestre faisait entendre l'ouverture d'*Oberon*.

1834
à
1835

Les Ondines furent bientôt remplacées par *le Nouveau Robin-son*, tableau comique en un acte, de Blache. Puis, le 16 octobre, parut un grand ballet chinois, *Chao-Kang*, par Henri, musique de Carli. C'était le signal de l'invasion des magots, qui devait se continuer au printemps suivant par l'apparition du *Cheval de bronze* à l'Opéra-Comique. La chinoiserie du Théâtre-Nautique avait l'avantage d'être la première en date : elle parut gaie, singulière et magnifique. Deux artistes, Devoir et Pourchet, avaient brossé les décors. Mais tous ces spectacles n'offraient pas une substance assez solide pour attirer et fixer le public. On eut l'idée d'intercaler dans les divertissements des chœurs chantés par les choristes de l'opéra allemand alors installé à Paris. Cela ne suffit pas encore, et au commencement de l'année 1835, le Théâtre-Nautique disparaissait, après avoir donné, en guise d'adieu, une pantomime tragique, ou plutôt lugubre : *la Dernière heure d'un condamné à mort*. Quelques bals masqués empêchèrent seuls les Parisiens, durant le carnaval de 1835, d'oublier que la salle Ventadour existait.

IV

(30 janvier - 31 mars 1838)

. Le dimanche 14 janvier 1838, après une représentation de *Don Giovanni*, les flammes de l'enfer, mal éteintes, se ravivaient au milieu de la nuit, et l'incendie consumait la salle Favart. La saison se trouvait interrompue en plein hiver, au moment où elle est ordinairement la plus brillante. C'était un désastre pour les chanteurs italiens qui se faisaient entendre à Favart. L'ex-Théâtre Nautique, encore inoccupé, leur offrit un asile.

La compagnie se composait de Mmes Grisi, Tacchinardi-Persiani, Albertazzi, Assandri; Rubini et Zamboni, ténors; Lablache, Tamburini, Ferlini, Morelli, basses. Le directeur Severini ayant péri dans l'incendie, et son associé Robert étant malade, M. Viardot fut prié de prendre en mains l'administration. La saison interrompue par le sinistre du 15 janvier reprit son cours le 30 du même mois à la salle Ventadour, et se poursuivit jusqu'au 31 mars. L'acte le plus important de cette courte campagne fut la première représentation en France de *Parisina*, deux actes écrits à Florence, en 1833, pour Mlle Unger, par Donizetti. Le libretto de cet opéra avait été tiré par Romani du drame de lord Byron portant le même titre, et dont la donnée se trouve dans une pièce de Lope de

1838

1838 Vega, *le Châtiment sans vengeance.* C'est de ce dernier ouvrage que M. Jules de Marthold a tiré son beau drame des *Amants de Florence,* représenté dans l'hiver de 1880 au théâtre des Nations. *Parisina* fut joué à Ventadour le 24 février 1838, avec un succès médiocre, malgré le mérite des chanteurs : Mlle Grisi, Rubini, Tamburini.

V

(8 novembre 1838 — 25 avril 1840.)

Au moment même où les Italiens s'y réfugiaient, la salle Ventadour venait d'être louée à Anténor Joly, qui devait y fonder le théâtre de la Renaissance. Celui-ci laissa volontiers ses confrères s'installer chez lui pour trois mois, mais non pour plus longtemps comme sans doute ils l'eussent désiré. Le Théâtre-Italien dut émigrer à l'Odéon, et Anténor Joly prit possession de l'immeuble Ventadour.

L'histoire du théâtre de la Renaissance présente un haut intérêt. Ce fut le premier essai d'un troisième grand théâtre lyrique à Paris. Malheureusement, cette histoire sera incomplète dans la présente étude, d'abord parce que la scène fondée par Anténor Joly n'étant pas exclusivement musicale, certains événements très importants échappent à notre compétence et ne pourront trouver dans notre récit qu'une place assez exiguë ; puis pour une autre raison dont nous devons avertir le lecteur. Les dépôts faits aux Archives nationales s'arrêtent, pour la section des Beaux-Arts, à l'année 1833. Tous les documents dont la lecture et l'analyse sont nécessaires à l'élaboration d'un travail sérieux sont restés aux archives de la direction des Beaux-Arts, où ils ne sont nullement classés. D'où ce résultat qui, au premier abord, paraît singulier, qu'il est beaucoup plus facile de savoir et de raconter ce qui s'est passé dans des époques antérieures, que d'écrire le récit des périodes quasi-contemporaines. Ce nous est une raison de plus de remercier de sa parfaite obligeance M. Jules Rohaut, sous-chef du bureau des théâtres, qui a bien voulu nous fournir les renseignements les plus indispensables à la partie de ce travail que nous entreprenons ici.

C'est à Victor Hugo, Casimir Delavigne et Alexandre Dumas que le Théâtre-Lyrique, s'il passe jamais à l'état d'institution permanente et durable, devra d'avoir existé. Vers 1835, une lettre signée de ces trois noms demandait au ministre de l'intérieur d'autoriser la création d'un second Théâtre-Français. Un arrêté du 12 novembre 1836 répondit à ce vœu. Anténor Joly, littérateur assez connu, fut investi du privilège d'ouvrir à Paris, sur la rive droite de la Seine, un théâtre où il pourrait faire jouer la comédie, la tragédie et le drame. Mais, sous le régime du monopole qui florissait alors, il n'était pas facile, même avec un arrêté ministériel en poche, de fonder un théâtre. Tandis qu'Anténor Joly cherchait un terrain où construire sa salle, faisait faire des plans, des devis, allait voir les capitalistes, la Comédie-Française s'inquiétait de la concurrence qui se préparait pour son spectacle. Elle obtenait à son tour l'autorisation d'exploiter à l'Odéon le répertoire qui lui appartenait rue de Richelieu.

Le second Théâtre-Français devenait inutile ; c'est alors qu'Anténor Joly songea à la musique. Une pétition fut adressée au ministère, couverte de soixante-dix-sept signatures. Les auteurs et compositeurs les plus distingués y exposaient la nécessité d'un troisième théâtre lyrique. « Les deux existants, disaient-ils, ne montent par an, l'Opéra qu'un ou tout au plus deux ouvrages nouveaux, l'Opéra-Comique que vingt actes (1) environ. Le débouché n'est pas suffisant pour la production. Il y a plus de soixante compositeurs à Paris; dix au plus ont la chance de produire au grand jour une partition par année ; les autres vieillissent sans avoir pu faire exécuter leur premier ouvrage. »

Le ministre, M. de Montalivet, se montrait favorable aux vœux des musiciens. Mais il ne pouvait sacrifier les droits du théâtre royal de l'Opéra-Comique; or, en conférant à Crosnier l'entreprise de ce spectacle, l'administration s'était interdit le droit d'autoriser sur aucune scène parisienne la

---

(1) Ce chiffre annuel de vingt actes, qui paraissait mesquin à cette époque, l'Opéra-Comique est bien loin de l'atteindre aujourd'hui.

représentation de pièces appartenant au genre de l'Opéra-
Comique. En conséquence, M. Anténor Joly, par arrêté du
30 septembre 1837, eut permission de fonder le théâtre de la
Renaissance, exclusivement consacré à la représentation de
drames et comédies (avec ou sans chœurs et intermèdes), et
de vaudevilles avec airs nouveaux, ne comportant pas les développements musicaux qui caractérisent l'opéra comique. Un
arrêté explicatif survint ensuite, qui modifiait les termes du
premier. Finalement, le théâtre de la Renaissance fut admis
à jouer: 1º des drames et comédies en vers ou en prose, avec
ou sans chœurs et intermèdes ; 2º des *opéras de genre* en deux
actes et en français, c'est-à-dire des opéras avec récitatif
chanté, sans dialogue parlé, dans le genre des opéras italiens ;
3º des vaudevilles avec airs nouveaux (comme plus haut).

Tant de délimitations, faciles à insérer dans un document
administratif, sont parfois, dans la pratique, d'une applica-
tion délicate. La suite devait le prouver. Mais d'autres clauses du privilège concédé à Joly devaient le mettre dans de
cruels embarras. Pour sauvegarder les droits des entreprises
subventionnées, on avait décidé que le directeur du théâtre
de la Renaissance ne pourrait, sans l'autorisation ministérielle,
engager les élèves qui auraient obtenu un premier prix au
Conservatoire. Bien plus, les artistes qui avaient fait partie
d'un des théâtres royaux ne pouvaient non plus traiter avec
la direction nouvelle sans une autorisation du ministre, et
l'on exigeait qu'un délai de trois ans fût écoulé entre leur
sortie de ce théâtre et leur début sur la scène de la Renaissance. Dans de telles conditions, vouloir recruter à Paris une
troupe convenable eût été chimérique ; Anténor Joly se mit à
courir la province et la Belgique, engageant ce qu'il trouvait de
mieux en fait d'acteurs et de chanteurs. Enfin, le jeudi 8 novembre 1838, l'ouverture du théâtre de la Renaissance eut lieu
à la salle Ventadour. Quelques changements avaient été introduits dans l'architecture et l'aménagement: le plafond avait été
abaissé de trois mètres, la scène et la salle diminuées. La
nouvelle décoration, blanc et or, style Louis XV, était,
disent les journaux, d'une charmante magnificence.

On sait quelle fut la pièce d'ouverture: *Ruy-Blas*. L'histoire
de ce chef-d'œuvre est connue de tous : inutile de la recommencer. Donnons seulement la distribution des principaux
rôles à la création : Ruy-Blas, Frédérick-Lemaître ; don Salluste,
Alexandre Mauzin; don César, Saint-Firmin; don Guritan,

1838 Féréol ; doña Maria de Neubourg, reine d'Espagne, Mme L. Beaudouin ; Casilda, Mme Mareuil.

Ruy-Blas apparut précédé d'un *Discours en vers*, de Méry, remarquable, comme toutes les poésies de l'improvisateur marseillais, par l'étonnante richesse de la rime, mais assez pauvre d'idées. Faisant allusion à la fermeture prolongée de la magnifique salle Ventadour, Méry s'écriait :

> Hélas ! quand on condamne un théâtre à se taire,
> Quand au sein d'une ville on le fait solitaire,
> Un long cri désolant bientôt est entendu,
> Qui nous dit que tout meurt, et que l'art est perdu !
> Non, l'art ne peut mourir ! L'art est un dieu !. . . . .
> . . . .
> On disait : Quel malheur qu'une salle si belle
> En naissant ait trouvé le public si rebelle !
> C'est un quartier lointain où Paris ne vient pas :
> A peine un voyageur y hasarde ses pas.
> La salle Ventadour à chaque heure s'écarte
> De Paris, et Paris l'exile de sa carte.
> C'est Thèbes au désert, qu'une fois par hasard
> Galvanise en courant l'orchestre de Musard.
> Il n'est pas à Paris de routes inconnues,
> Quand un illustre nom, par le peuple cité,
> Révèle un grand triomphe à la grande cité !

Dans l'intention de son directeur, le théâtre de la Renaissance devait faire alterner journellement les représentations lyriques avec les représentations dramatiques. Mais c'est le malheur de notre art d'exiger une mise en train considérable. Quoique le début musical de la Renaissance dût être assez modeste, il ne put, faute d'une préparation suffisante, avoir lieu le lendemain de la première représentation de *Ruy-Blas*. Pendant quelque temps, l'œuvre de Victor Hugo tint seule l'affiche, et la musique ne fut représentée au théâtre de la Renaissance que par l'ouverture et les entr'actes écrits pour *Ruy-Blas* par Jacques Strunz, qu'Anténor Joly avait nommé directeur de la musique.

Cet artiste, dont nous avons déjà cité le nom à propos du Théâtre-Nautique, est un de ceux qui ont eu dans ce siècle l'existence la plus bizarre. Élève de Winter, et attaché à la chapelle royale de Munich, il avait dû, pour une incartade de jeunesse, fuir son pays, et, à peine adolescent, voyageait en donnant des concerts. A l'âge de dix-sept ans, il faisait la campagne d'Italie (1800) en qualité de chef de musique d'un régiment français. Coupable d'insubordination envers son colonel, il faillit être condamné à mort, donna sa démission et s'établit à Anvers, où il écrivit un opéra comique, joué à Bruxelles avec succès, et eut occasion de composer une cantate héroïque, qui lui valut six mille francs de l'empereur. En 1818, il donnait au Théâtre-Feydeau *les Courses de New-Market*, opéra comique en un acte qui ne réussit pas, et en 1823, il abandonnait la composition pour une place d'inspecteur des subsistances militaires dans la guerre d'Espagne. Après la paix, il voyagea en Orient, puis revint à Paris et de nouveau dut songer pour vivre à l'art qu'il avait toujours cultivé. Il écrivit un assez grand nombre de morceaux de musique de chambre. Plus tard, on le retrouve chef du bureau de copie à l'Opéra-Comique, puis à Munich, où il vivait d'un petit héritage qui lui avait été dévolu sur le tard.

« Homme de talent, dit Fétis, bien élevé, modeste et plein d'aménité dans ses relations du monde, il méritait un meilleur sort. »

L'ouverture et les entr'actes que Strunz écrivit pour *Ruy-Blas* se sont perdus; on n'en retrouve plus trace nulle part. Une reprise de ce drame ayant eu lieu à la Porte-Saint-Martin quelques années plus tard, Pilati composa la musique du chant des lavandières qui se fait entendre derrière la scène au deuxième acte. Quand il s'est agi de monter *Ruy-Blas* à l'Odéon, en 1872, c'est la musique de Pilati dont Victor Hugo voulut qu'on fît usage. De nombreux compositeurs s'étaient, dans l'intervalle, essayés sur ces délicieux couplets; notons, parmi les mélodies qu'ils ont fait éclore, la *Sérénade* si justement populaire de M. J.-B. Weckerlin.

Le 15 novembre, le théâtre de la Renaissance annonçait la première représentation de :

Olivier Basselin, ou *le Val de Vire*, chronique normande avec airs nouveaux, et

Lady Melvil ou *le Joaillier de Saint-James*, comédie-vaudeville en trois actes, avec airs nouveaux.

Le premier de ces ouvrages avait pour auteurs Brazier et F. de Courcy. C'était un vaudeville sans grande originalité, auquel la musique de Pilati ne put ajouter l'intérêt qui lui faisait défaut. Il était joué par Mme Chambéry, Henri et Berton, frère du célèbre comédien, et ne put se maintenir. Il en fut autrement de *Lady Melvil*. Cette comédie de Saint-Georges et M. de Leuven, agrémentée de la fine et élégante musique d'Albert Grisar, réussit parfaitement. Elle servit de début à une jeune Anglaise, Mme Anna Thillon, qui, du premier coup, séduisit les Parisiens. Mme Thillon était une jolie blonde qui avait déjà, pendant deux ans, chanté avec le plus grand succès sur le théâtre de Nantes, où son mari était chef d'orchestre. Une voix légère, flexible, lui permettait d'aborder tous les traits d'une vocalisation hardie. Le timbre de cet organe faisait songer à Mme Damoreau, très en faveur alors ; et quant à sa personne, Mme Thillon avait cette grâce effarouchée des jeunes Anglaises qui s'allie si bien avec la singularité de l'accentuation britannique. Tout cet ensemble charma le public, ou du moins la partie littéraire du public. Théophile Gautier écrivait à propos d'Anna Thillon le paragraphe en partie double que voici :

» Deux sortes d'Anglaises existent sur la terre. La première sorte est la plus nombreuse, dont on peut voir des échantillons aux bals des ambassades, se compose de créatures exorbitantes, avec des pieds à la poulaine, des nez d'écrevisses, des yeux de faïence et des accoutrements exotiques, coraux, madrépores, oiseaux de paradis et autres comestibles, qui les font ressembler à des biscuits de Savoie ou à des assiettes montées. L'autre catégorie, beaucoup moins étendue, se compose d'angéliques et diaphanes jeunes filles, plus belles qu'on ne saurait les rêver, avec des blancheurs d'opale, des sourires de rose, et dans la prunelle des langueurs de violette trempée de rosée, des cheveux aux spirales lustrées que le joli doigt blanc de Titania semble avoir pris plaisir à tourner pendant une rêverie d'amour ; des tailles à qui les petites mains d'un sylphe feraient une ceinture encore trop large ; et sur tout cela une volupté nonchalante, une émotion contenue et pudique, une charmante gaucherie de gazelle effarouchée ou de colombe surprise au nid, un petit grasseyement enfantin d'une grâce adorable et dont la plume la plus délicate, ne pourrait donner une idée. » (1)

Inutile de dire que Gautier range Mme Thillon dans la seconde de ces deux catégories.

A côté de cette cantatrice, qui devait faire les beaux jours de la Renaissance, *Lady Melvil* présenta au public Mme Chambéry, Henri, Féréol, que l'Opéra-Comique avait laissé échapper et qui fit bisser les couplets de Tom Krick, enfin Saint-Firmin. Ce dernier, ainsi que Féréol, était pour le

_____

(1) Th. Gautier, *Histoire de l'art dramatique en France*, 1re série.

théâtre un artiste à deux fins, jouant tour à tour dans *Ruy-Blas* et dans la pièce d'Albert Grisar.

On a pu remarquer la bizarrerie de cette dénomination appliquée à *Olivier Basselin* : « chronique normande avec airs nouveaux » ; et si l'on se souvient que *Lady Melvil* ne contient pas moins de douze morceaux, dont une cavatine très développée, on s'étonnera de voir intituler cet ouvrage « comédie-vaudeville ». C'est qu'avant tout, Anténor Joly devait éviter d'annoncer sur ses affiches un opéra ou un opéra comique. Les arrêtés qui avaient autorisé la fondation du théâtre de la Renaissance posaient de formelles réserves sur les genres exploités à l'Académie royale et place de la Bourse, et les directeurs des théâtres subventionnés étaient peu disposés à tolérer les empiétements. L'embarras de la Renaissance devait être grand. On en jugera par la très juste boutade d'un journal (1) qui appréciait ainsi le privilège accordé à Ventadour :

« On a dit à ce théâtre : Je vous permets de jouer toute espèce d'opéras, à condition que vous ne jouerez ni le grand opéra, ni l'opéra comique. Il vous est même expressément défendu d'inscrire ces deux mots sacramentels sur vos affiches : tous les autres titres sont à votre disposition. Choisissez librement : les compositeurs peuvent écrire des morceaux à deux voix, à trois voix, à quatre voix, à cent voix, des couplets, des romances, des airs, pourvu que ces morceaux ne ressemblent ni à un duo, ni à un trio, ni à un quatuor, ni à un morceau d'ensemble, ni à un final, ni à une grande ariette. »

Toutes les précautions prises ne purent empêcher les susceptibilités de l'Opéra-Comique de s'éveiller au bruit des applaudissements qui accueillaient chaque soir *Lady Melvil*. Crosnier et Cerfbeer, directeurs, intentèrent un procès à Anténor Joly et Villeneuve (2). L'assignation tendait à interdire les représentations de *Lady Melvil*, à moins que les directeurs de la Renaissance ne consentissent à supprimer dans la cavatine chantée par Mme Anna Thillon les développements qui, suivant les demandeurs, faisaient de ce morceau un véritable air d'opéra comique. La presse tout entière, il faut le dire à

---

(1) *Le Constitutionnel*, 19 novembre 1838.
(2) Ferdinand de Villeneuve, banquier, commanditaire et co-directeur d'Anténor Joly.

— 70 —

1838 sa louange, s'éleva contre ces prétentions, qui touchaient au burlesque. On demanda pourquoi le pouvoir avait institué un troisième théâtre lyrique si tout moyen d'existence devait être refusé à ce théâtre, et la grave *Quotidienne* terminait un article par cette sentencieuse réflexion : « Le droit de chanter est en France le plus imprescriptible et le plus national. »

Malheureusement les protestations des journaux, les sympathies hautement avouées du monde artistique pour le théâtre de la Renaissance ne devaient pas empêcher les scènes lyriques subventionnées, armées de leurs despotiques privilèges, de chercher mille chicanes à Anténor Joly et de s'acharner sur lui jusqu'à extinction. Nous aurons à raconter les divers procès qui troublèrent l'exploitation musicale de la salle Ventadour. Mais pour suivre l'ordre des événements, il nous faut mentionner les divers ouvrages montés à la Renaissance à la fin de l'année 1838. Ce furent :

Les Parents de la fille, comédie en un acte, de Félix Arvers et Havrecourt ;

Le Mariage in extremis, comédie en un acte et en vers de Piis et Barré ;

Enfin *Perugina* ou *la Laitière*, comédie en un acte, mêlée d'airs nouveaux, de Mélesville. musique de Monpou.

Perugina n'était autre chose qu'une vieille pièce de la Comédie-Française à peine modifiée, *la Belle Fermière*. Déjà ce canevas avait servi, vers 1822, à la confection d'un vaudeville pour le Gymnase, *la Meunière*, dont le ténor Garcia avait composé la musique. Les spectateurs du 20 décembre 1838 trouvèrent que c'était trop de moutures tirées d'un même sac. Quant à Monpou, *Perugina* ne lui fut pas très favorable. Ce compositeur avait dans certains cercles littéraires une réputation au-dessus de son talent. Il travaillait avec une fâcheuse précipitation, et ne retrouva pas dans ce petit ouvrage la veine heureuse des *Deux Reines* et de *Piquillo*.

1839 Le mois de janvier 1839 vit paraître à la Renaissance un drame en trois actes, *Bathilde*, qui était le début au théâtre d'Auguste Maquet et dans lequel parut Ida Ferrier ; une comédie en un acte, de Colon et Beley, intitulée *Reine de France*, enfin, *l'Eau merveilleuse*, jouée le 30 janvier avec le plus grand succès pour le librettiste, Thomas Sauvage, pour le musicien, Albert Grisar, et pour les interprètes, Mme Thillon, Féréol, et un débutant, Hurtaux, doué d'une superbe voix de basse.

L'activité de la direction ne se démentait pas. Durant le

mois suivants, elle donna diverses pièces mêlées de musique : **1839**
Mlle de Fontanges, ou *Si le Roi le savait !* deux actes dont les
auteurs étaient Théaulon, Léotard et Pilati ; *le Roi Margot*,
intermède musical de Desvergers, Héquet et Thys, et divers
ouvrages dramatiques qui ne firent guère que passer : *Diane
de Chivry*, drame en cinq actes de Frédéric Soulié, dans
lequel débutèrent Mme Albert et Guyon ; *les Camarades du
Ministre*, comédie en un acte et en vers, de M. Vanderburck ;
Vingt-six ans, comédie en deux actes, de Bournonville et Dar-
tois ; *le 24 Février*, un acte traduit de l'allemand, et dans
lequel paraissent accumulés tous les forfaits, toutes les horreurs de *l'Orestie*, de *Phèdre* et d'*Hamlet* ; enfin *l'Alchimiste*,
drame en cinq actes et en vers, d'Alexandre Dumas, interprété
par Frédérick-Lemaître, Mlles Ida et Beaudouin. *Le Parricide*,
scène jouée par un mime italien du nom de Lasina, et *le Jugement dernier* de Vogel, chanté par Hurtaux et Mlle Renouf,
venaient apporter aux représentations sinon une folle gaieté,
du moins une variété suffisante.

Un espoir caché soutenait Joly dans cette fiévreuse campagne. Il comptait quelques amis dans le Parlement, et déjà il
avait été question d'admettre le théâtre de la Renaissance au
partage des faveurs gouvernementales. Le directeur de l'Opéra-
Comique recevait une subvention annuelle de 240,000 francs.
Une bien moindre somme eût contenté les désirs d'Anténor
Joly. Mais il ne put l'obtenir ; il lui fallut continuer sa route au
milieu des mille tracas suscités chaque jour par les directeurs
privilégiés.

On sait l'histoire du ténor Marié, engagé par Anténor Joly
à Metz, et que l'Opéra-Comique réclama en vertu de l'article 3 de l'arrêté ministériel qui avait autorisé la fondation
du théâtre de la Renaissance. Marié de l'Isle, le père des
charmantes artistes que notre génération a applaudies,
avait commencé sa carrière à l'Opéra-Comique en qualité de
second chef des chœurs. Il était fort jeune, puisque ce fut
la mue de sa voix qui d'abord l'empêcha de paraître comme
premier sujet. Mais Mécène, — c'était son nom de choriste,
— avait le sentiment de sa valeur ; il demanda formellement à
débuter dans un rôle véritable, et cette occasion lui ayant été
refusée, il dit adieu à Cerfbeer et Crosnier, et quitta Paris.
C'est à Metz qu'Anténor Joly, parcourant la France pour
assembler les éléments d'une troupe musicale, le vit et l'en-
tendit dans les rôles de premier ténor. Découverte précieuse,

trouvaille inespérée ! L'artiste accepta avec joie les propositions du directeur de la Renaissance ; et celui-ci s'apprêtait à faire débuter Marié, qui avait repris une partie de son vrai nom, lorsque l'Opéra-Comique réclama son ancien pensionnaire comme lui appartenant. La prétention, à bien l'examiner, paraît insoutenable. Quel était le but du ministère en inter-disant à Joly d'engager les artistes des théâtres royaux moins de trois ans après leur sortie de ces théâtres ? N'était-ce pas empêcher le démembrement des troupes déjà constituées ? La précaution avait paru bonne à un moment où l'Opéra-Comique venait d'enlever Mme Damoreau à l'Opéra. Mais cette clause un peu sévère ne s'appliquait qu'aux artistes, et Mécène, à l'Opéra-Comique, avait simplement été choriste. D'autre part, Joly le soutenait avec grande apparence de raison, l'article 3 du privilège pouvait bien viser les artistes attachés aux théâtres royaux au moment même où le privilège avait été concédé, mais il était déraisonnable de vouloir donner à cette dispo-sition un effet rétroactif. Le public remarquait aussi que les directeurs de l'Opéra-Comique avaient laissé la clef des champs à Marié quand il n'était que Mécène, et ne songeaient à leurs droits sur sa personne que juste au moment où cet artiste allait débuter au théâtre de la Renaissance. Il y avait dix mois que Marié avait quitté l'Opéra-Comique le jour où il signa son engagement avec Joly ; lorsqu'il fut prêt à jouer, vingt-six mois s'étaient écoulés depuis sa sortie de Feydeau. Le délai réglementaire était bien près d'être atteint.

L'affaire fut portée devant le ministre de l'intérieur, qui la fit examiner par une commission administrative. Une décision fut prise qui rappelait, dit Ch. Maurice, le jugement de Salo-mon. Le ténor fut coupé en deux : on déclara qu'il devait appartenir à l'Opéra-Comique, mais en même temps on l'au-torisait à jouer sur le théâtre de la Renaissance pendant quel-ques mois. Sur ce, Crosnier et Cerfbeer persuadèrent à Marié de refuser le service à la Renaissance, lui offrant un engage-ment immédiat et le garantissant des frais judiciaires qui pourraient fondre sur lui. Anténor Joly dut renoncer à son pensionnaire, non sans regret : il avait fait mille lieues pour le découvrir, et d'autres eurent l'honneur de présenter au public parisien le ténor Marié de l'Isle.

Avec le Naufrage de la Méduse, joué le 31 mai 1839, la Renaissance obtenait un de ses plus brillants succès. Cette pièce, aujourd'hui oubliée, ne peut compter pour beaucoup à l'actif artistique d'Anténor Joly, mais elle amena une série de représentations fructueuses. Certes le directeur de la Renaissance était à la hauteur de la mission qu'il avait ambitionnée : d'honorables tentatives, plusieurs ouvrages de remarquable valeur, au moins deux chefs-d'œuvre montés par lui, parlent haut en sa faveur. Mais pris entre les articles de ce Code noir qu'on appelait son privilège, il lui fallait, dès qu'il s'attaquait à la musique, se débattre dans les obscurités d'une fantastique réglementation. Passer à travers les mailles d'un pareil réseau n'était pas facile : quelles pièces trouver qui ne fussent ni des opéras, ni des opéras comiques, ni des intermèdes, ni des divertissements? A ce point de vue, le *Naufrage de la Méduse* était un ouvrage très heureux : avec lui du moins on était à l'abri des réclamations et des procès. L'intérêt principal de cet essai consistait dans une terrifiante représentation du radeau hanté par la faim. L'impression était terrible, et pour adoucir un peu l'horreur de ce tableau, on dut ajouter un acte en forme d'épilogue lyrique : *le Retour*.

Le Naufrage de la Méduse avait Cogniard frères pour auteurs ; Flotow et Pilati écrivirent la musique, qui comprenait seize morceaux de caractères très variés. Les décors avait été demandés à Devoir et Pourchet ; rien ne fut épargné pour qu'ils produisissent l'effet désiré. Les interprètes furent Joseph Kelm, Daude, Hurteaux, et une débutante nommée Mme Clary.

Les mois de juin et de juillet 1839 virent paraître sur la scène de la Renaissance les ouvrages suivants :

6 juin : *Deux Jeunes Femmes*, drame en cinq actes, de Saint-Hilaire ;

16 juin : *Une Amie*, ou *Madame de Brienne*, drame en deux actes, de Saint-Yves et Raoul ;

24 juin : *La Jeunesse de Gœthe*, comédie en un acte et en vers, de Louise Colet, la célèbre Muse ;

6 juillet: *Un Vaudevilliste*, comédie en un acte, de Sauvage ;

11 juillet : *Le Fils de la folle*, drame en cinq actes, de Frédéric Soulié ;

24 juillet : *Carte blanche*, comédie en un acte de Léon Halévy et Paul Duport.

Un seul succès est à noter dans cette série de créations : celui du *Fils de la folle*. Mais un triomphe bien autrement éclatant devait accueillir l'opéra en préparation : *Lucie de Lammermoor*, traduit en français par Gustave Vaëz et Alphonse

1839 Royer. Ce fut le mardi 6 août que la mélodieuse partition de Donizetti parut sur la scène de la Renaissance. La première représentation avait attiré à Ventadour tout ce que Paris contenait d'artistes et d'amateurs, et l'on peut dire que, sauf l'illustre auteur de *la Vestale*, Spontini, qui dormit toute la soirée (1), cette musique tendre, passionnée, merveilleusement vocale et expressive, conquit tous les cœurs. *Lucie* fut chantée par Mme Thillon, le ténor Ricciardi, expressément engagé pour la circonstance, Hurteaux, Zelger, Gibert et Kelm. Des quatre principaux artistes, Hurteaux seul était Français : on appela plaisamment le théâtre de la Renaissance théâtre des quatre nations. Il eut pu aussi se nommer théâtre de la folie ou des insensées. *Lucie* alternait avec *le Fils de la folle :* c'était tantôt Anna Thillon, tantôt Mme Moreau-Sainti que le public allait applaudir, mais toujours des scènes de folie dramatique ou musicale.

Chaque succès, pour Anténor Joly, se doublait d'un ennui parfois très lourd. L'écho des applaudissements dus à *Lucie de Lammermoor* n'était pas encore éteint, qu'un bruit fâcheux se répandait dans le monde des théâtres : le ministère défendait, disait-on, au directeur de la Renaissance, de jouer de nouvelles traductions. Ce pauvre Joly était traqué de toutes parts. Quelques semaines auparavant, il avait failli être délogé de la salle qu'il occupait cependant en vertu d'un bail consenti pour neuf années ; voici comment.

Les propriétaires de Ventadour ne pouvaient se consoler du départ de l'Opéra-Comique. Ils ne perdaient pas une occasion de renouveler à ce sujet leurs plaintes et leurs doléances, et de déclarer qu'ils ne renonceraient jamais à ce qu'ils considéraient comme leur droit. La salle Ventadour avait été construite, disaient-ils, pour le théâtre royal de l'Opéra-Comique. Lorsqu'ils avaient acquis l'immeuble de la liste civile, c'était à la condition expresse de ne l'employer qu'à cet effet, et cette clause leur paraissait impliquer pour le gouvernement l'obligation de maintenir l'Opéra-Comique dans le théâtre qui était devenu leur propriété. Ils adressèrent une pétition dans ce sens à la Chambre des députés ; cette pétition fut rapportée dans la séance du 4 juin 1837, et la Chambre passa à l'ordre du jour.

Mais l'incendie de la salle Favart avait fait renaître l'es-

(1) *Revue et Gazette musicale*, année 1839, n° 37.

poir au cœur des actionnaires-propriétaires. Ce sinistre devait être réparé aux frais de l'Etat ; l'occasion parut bonne aux partisans de l'Opéra-Comique pour protester contre un état de choses qui avait soulevé plus d'une fois leurs protestations. Était-il juste, dirent-ils, que la France donnât une salle gratuite à des Italiens, à des étrangers qui recevaient en outre une forte subvention, alors que les représentants de la musique nationale, les artistes de l'Opéra-Comique, beaucoup moins richement pourvus, étaient encore obligés de louer un local à grands frais ? Précisément le bail de ces artistes avec le théâtre situé près de la Bourse était près de finir : le ministère accueillit l'idée de leur offrir un asile place Favart, et dans le projet de loi concernant la construction de la nouvelle salle, on proposa d'affecter cette salle au théâtre royal de l'Opéra-Comique. C'est alors que la Société Ventadour renouvela ses prétentions. L'administrateur de cette Société, nommé Saint-Salvi, dans plusieurs lettres rendues publiques, s'éleva, avec une vivacité digne d'une meilleure cause, contre le projet du gouvernement. Il sollicita audience des ministres et articula très haut ses griefs, mais sans succès : le chef de la division des beaux-arts, M. Cavé, fit une résistance énergique, le ministre de l'intérieur ne se laissa pas fléchir, et le 4 juillet 1839 M. Vitet, député, déposait sur le bureau de la Chambre un rapport favorable aux propositions du gouvernement. Ce rapport s'expliquait ainsi sur le débat soulevé par Saint-Salvi :

Après avoir examiné les pièces relatives à cette affaire, il ne nous a pas paru que le droit exclusif d'exploiter le genre de l'Opéra-Comique eût été inféodé, en quelque sorte, à la salle Ventadour. Il nous a semblé que les propriétaires, en rappelant des traités passés entre eux et la liste civile de Charles X, oubliaient que les actes de la liste civile n'étaient pas des actes du gouvernement et ne pouvaient lier les pouvoirs administratifs agissant au nom de l'Etat ; qu'à la vérité, le privilège de l'Opéra-Comique avait été momentanément attaché à un bail de la salle Ventadour, mais à titre personnel seulement. Ce n'est pas le privilège de l'Opéra-Comique en général, mais bien le privilège accordé à tel directeur, qu'on s'était engagé à ne laisser exploiter que dans la salle Ventadour. Ce directeur ayant encouru la déchéance par suite de l'inexécution de ses engagements, et les propriétaires concessionnaires de ces droits ayant à leur tour été déclarés déchus, non seulement par arrêté ministériel, mais par ordonnance souveraine rendue en conseil d'Etat, ils ne peuvent, ce nous semble, appuyer leurs pré-

tentions sur aucun titre valable, et sont réduits à invoquer ces engage
ments de l'ancienne liste civile, dont la nullité est facile à démontrer.

Ce n'est donc pas au nom de leurs droits, mais seulement à titre
de faveur que les propriétaires du théâtre Ventadour peuvent,
selon nous, demander que l'Opéra-Comique soit exploité dans leur
salle. Or, sont-ils réellement en mesure de l'y recevoir, et, dans le
cas de l'affirmative, l'intérêt de l'Opéra-Comique permet-il qu'on
accède à leur demande? Telles sont les deux questions qui nous
restaient à résoudre.

La première de ces questions paraissait devoir être résolue
par la négative, puisque Anténor Joly était pour quelques
années encore locataire de la salle Ventadour. Mais une clause
secrète, non insérée dans le bail authentique, fut révélée par
Saint-Salvi. Au cas où l'Opéra-Comique pourrait rentrer à
Ventadour, la Renaissance devait céder la place dans le délai
de six mois : tels étaient les termes d'une contre-lettre signée
par Anténor Joly, et comme la validité de cette contre-lettre
était contestée, le directeur de la Renaissance fut amené à
signer, le 2 juillet 1839, un acte authentique par lequel il
reconnaissait aux propriétaires le droit de l'expulser pour
mettre leur salle à la disposition de l'Opéra-Comique.

Votre commission, continuait M. Vitet, n'a pas cherché à pousser
plus loin son investigation; elle n'a pas voulu savoir à quelles conditions la résiliation du bail actuel pouvait être obtenue et par quel
motif la révélation de la contre-lettre a été si tardive; elle a pris
pour exacte la déclaration des propriétaires, et en admettant que
leur salle pût être libre dès aujourd'hui, elle s'est demandé s'il con-
venait que l'Opéra-Comique y fût établi.

L'exemple du passé n'est pas encourageant. Quatre directeurs ont
successivement, et pendant plusieurs années, exploité l'opéra comique
dans la salle Ventadour. Ces quatre directeurs ont tous fait faillite.
A une époque plus récente, deux entreprises théâtrales se sont encore
essayées dans le même local: l'une a complètement échoué, l'autre
existe, il est vrai, mais ne paraît pas très-prospère. Et cependant,
la salle est belle, grande, bien construite, mais elle est masquée par
ces rues étroites qui l'enveloppent; le public ne la trouve pas sur
son chemin : il faut qu'il vienne la chercher.

De tous les théâtres de la capitale, un seul, le Théâtre-Italien,
pourrait peut-être braver les désavantages de cette situation, parce
que sa clientèle est assurée.

Ces derniers mots indiquaient la seule solution raisonnable
aux diverses questions en suspens, solution qui s'imposait dès

lors à tous les esprits sérieux. Mais les choses restèrent encore en l'état, et Anténor Joly continua à diriger le théâtre de la Renaissance avec une activité digne d'un meilleur succès. Du mois d'août au mois de décembre 1839 il fit jouer :

29 août : *l'Ange dans le monde et le Diable à la maison,* comédie en trois actes de F. de Courcy et Dupeuty ;

16 septembre : *Rendez donc service!* vaudeville en un acte de Villeneuve et Masson. L'acteur Landrol débuta dans cette pièce ;

10 octobre : *la Jacquerie,* drame lyrique avec chœurs en deux actes et quatre parties, de Ferdinand Langlé et Alboize, musique de Mainzer. Cent choristes, pris parmi les ouvriers de la capitale (c'était alors l'aurore de la musique populaire et les débuts de l'Orphéon), avaient été instruits et dressés par le compositeur lui-même et concouraient à l'exécution. Malheureusement Mainzer, collaborateur de *la Gazette musicale* et critique très écouté, ne montra pas dans sa partition des qualités d'imagination à la hauteur du jugement et de la science dont il faisait preuve dans ses articles.

11 octobre : *Revue et corrigée,* vaudeville en un acte, avec airs nouveaux, de Saint-Hilaire ;

18 octobre : *le Loup de mer,* drame en deux actes, de Sauvage ;

25 octobre : *Miss Kety, ou la Lettre et l'Engagement,* comédie en un acte, de Paul Duport et Ed. Monnais ;

29 octobre : *la Chasse royale,* opéra de genre en deux actes, de Saint-Hilaire, musique de Godefroy, le célèbre harpiste. Faiblement écrit et faiblement joué, cet ouvrage n'eut pas de succès.

7 novembre : *le Proscrit,* drame en cinq actes, de Frédéric Soulié et Timothée Dehay, dans lequel parut Mme Dorval ;

27 décembre : *la Chaste Suzanne,* opéra de genre en quatre parties, de Carmouche et de Courcy, musique de Monpou.

Avec *la Chaste Suzanne* revenait le succès musical, et avec le succès les réclamations, les tracasseries et les procès. On eût dit que les théâtres subventionnés avaient juré d'écraser Anténor Joly sous une avalanche de papier timbré. Cette fois ce fut l'Académie royale de musique qui trouva que *la Chaste Suzanne* empiétait sur son domaine, et assigna le directeur de la Renaissance pour se voir interdire la représentation de cet opéra. Le malheureux théâtre ne pouvait tenir contre tant d'ennemis et tant d'acharnement ; mais les difficultés ne décourageaient pas Anténor Joly. On travaillait toujours avec ardeur à la Renaissance : le premier trimestre de 1840 fut aussi fécond que les périodes qui l'avaient précédé. *La Fille du Cid*, tragédie en trois actes, de Casimir Delavigne, jouée le 27 mars, témoignait des aspirations constamment élevées du directeur. En janvier, Anténor Joly avait donné une comédie en un acte d'Eugène Moreau, *Deux Couronnes*, et repris un drame joué quelques années auparavant à la Comédie-Française, *Clotilde*, cinq actes de Frédéric Soulié et Boussange, avec Mme Dorval dans le rôle créé par Mlle Mars.

La musique se retrouve, durant ces semaines de lutte, avec *le Mari de la Fauvette* et *les Pages de Louis XII*, deux vaudevilles illustrés d'airs nouveaux, le premier de Villeneuve et Veyrat, musique de Dufort, le second de Villeneuve et Barrière, et avec le *Zingaro*, opéra–ballet en deux actes et quatre tableaux. Les paroles du *Zingaro* étaient de Sauvage, la musique de Fontana. Perrot avait composé les divertissements et ajouté un prologue ; il y parut avec le plus grand succès. Ce maître chorégraphe représentait, paraît-il, la perfection de la danse ; sa femme, Carlotta Grisi, dansait aussi bien que lui et, de plus, avait un véritable talent de cantatrice. La presse fut unanime à faire l'éloge de ces artistes, fort bien secondés par Adrien Potet, Joseph, Mlle Ozi. Les costumes, dessinés par Gavarni, étaient d'une rare exactitude et d'une élégance parfaite. Pareil au gladiateur antique, Anténor Joly mourait avec grâce.

·Tout annonçait la fin prochaine. Le 8 février, la Renaissance s'ouvrait à un concert d'Ole Bull. Fâcheux présage : le jour où les virtuoses s'emparent d'une salle de théâtre, c'est que le théâtre est bien malade. Que dire lorsqu'on y voit des amateurs monter sur la scène? Or le 3 avril, une grande représentation avait lieu à Ventadour, donnée par des personnes du monde au bénéfice des réfugiés polonais. Ces artistes d'un jour eurent même la rare audace de tenter une grande création ; ils jouèrent un ouvrage entièrement inédit : *le Duc de Guise*, opéra en trois actes de Flotow, composé sur un livret que M. de la Bouillerie avait arrangé d'après un drame d'Alexandre Dumas, *Henri III et sa cour*. Un prologue de Saint-Georges et un acte de vaudeville précédaient et suivaient la grande pièce. A part une élève de Bordogni qui depuis a fait carrière, Mlle de Lagrange, et dont Paris admirait pour la première fois la voix admirablement timbrée

et l'adroite vocalisation, tous les rôles furent remplis par
des hommes et des femmes de la haute société. C'est la prin-
cesse Czartoriska qui avait recruté cette troupe aristocratique ;
les salons de l'hôtel Castellane s'étaient prêtés au travail des
répétitions ; les chœurs, qui ne comptaient pas moins de
cent dix exécutants, suivaient la baguette de Mlle de Kontski.
Inutile de dire que la représentation fut extraordinairement
brillante : les diamants et les fleurs, répandus sur les plus
nobles épaules de France, faisaient du parterre et des loges
un spectacle éblouissant. La critique, conviée à la fête, fut
magnétisée par ce luxe fashionable, et remplit les gazettes
de comptes rendus admiratifs.

Quinze jours après, Anténor Joly réunissait son personnel
d'artistes et d'employés, et déclarait que ses ressources étant
épuisées, il se trouvait dans la nécessité de fermer le théâtre.
La presse fut unanime à déplorer son malheur.

« Les entraves du cahier des charges, disent les journaux du
24 avril 1840, qui ne permettaient au théâtre de la Renaissance
d'engager des artistes des théâtres royaux que trois ans après l'expiration de leurs engagements ; les procès que M. Anténor Joly a dû
soutenir contre quelques-uns de ses concurrents pour maintenir son
répertoire ; les frais énormes de plusieurs troupes pour jouer des
genres différents, sont les causes principales de cette ruine. M. Anténor Joly avait adressé aux Chambres une demande pour être
admis, dans une certaine proportion, au partage de la subvention
accordée à d'autres théâtres ; c'était son dernier espoir, et ses forces
ne lui ont pas permis d'attendre le moment où il aurait pu se
réaliser... »

En vain, le courageux directeur avait tenté les efforts les
plus divers, louant la salle de l'Odéon et établissant entre ce
théâtre et celui de Ventadour un roulement de pièces et d'acteurs. En vain les artistes essayèrent de combattre seuls la
mauvaise fortune, et remontèrent le Naufrage de la Méduse ; ils
ne purent que prolonger de quelques jours l'agonie du théâtre. La Renaissance avait vécu.

La commission des auteurs dramatiques s'émut d'une aussi
pitoyable situation, et fit des démarches auprès du ministre
de l'intérieur, M. de Rémusat, pour essayer de ressusciter
une entreprise qui avait rendu tant de services aux gens
de lettres, aux musiciens, à l'art dramatique et lyrique.
Le théâtre de la Porte-Saint-Martin venait de faire faillite : les auteurs proposèrent de couper en deux le privilège

de la Renaissance, de façon que le drame et la comédie seraient joués à la Porte-Saint-Martin, alors que le théâtre Ventadour continuerait à représenter des opéras. Un rapport fut rédigé par M. Viennet, après l'audience ministérielle, au nom de la commission. Quelques passages de cette pièce importante sont à retenir.

Le théâtre de la Renaissance a rendu de grands services à la littérature dramatique et à l'art musical. Des compositeurs nouveaux ont pu s'y faire connaître ; la tragédie y a trouvé un asile contre le monopole ; le drame moderne y a paru avec honneur. La liste des grands ouvrages que cette scène a offerts au public suffit pour attester les honorables efforts de son directeur. Pendant les dix-huit mois de son existence, les recettes ont été rarement mauvaises, presque toujours bonnes, quelquefois considérables. Ces recettes se sont élevées à un total de 715,000 francs auxquels il convient d'ajouter la recette auxiliaire des bals d'hiver, qui est montée à 150,000 francs et qui a porté le revenu brut de ce théâtre à 865,000 francs pour dix-huit mois, c'est-à-dire à 576,000 francs par année. Cependant il n'a pu se soutenir ; et les causes de cette impossibilité nous sont tellement démontrées qu'il vous sera facile de vous en convaincre vous-même. Ces causes sont de natures diverses ; il en est une que nous appellerons originelle, parce qu'elle tient à l'établissement matériel de la nouvelle salle : c'est le privilège de trois cents entrées et de six loges que les actionnaires se sont attribué, entrées qui ne ressemblent point aux droits souvent négatifs des auteurs, en ce qu'elles sont transmissibles. Cette quantité d'entrées obligées, qui n'a d'exemple nulle part, équivaut à une recette quotidienne de 1,500 francs et rend dans le cas de grands succès toute chambrée impossible. Mais il n'y a de remède à ce mal que de désintéresser les actionnaires par l'acquisition de la salle, et nous nous gardons bien de le proposer ; nous nous en référons d'ailleurs au chiffre de 576,000 francs de recette, nous y voyons la possibilité d'une exploitation avantageuse, mais à la condition expresse de réduire ce théâtre à un seul genre, et de le délivrer de l'énorme dépense qui résulte de la nécessité actuelle d'un triple personnel pour exploiter à la fois le drame, l'opéra de genre et la comédie. ..... La commission... n'hésite pas à déclarer que ce théâtre doit renoncer à la tragédie, au drame, à la comédie, et qu'il est indispensable de le renfermer dans l'exploitation de la partie musicale que son privilège lui a primitivement concédée. Il y a ici justice et convenance.

Les compositeurs français n'ont qu'une scène pour eux ; l'Académie royale de musique n'est ouverte qu'à un petit nombre de célébrités privilégiées, et celles-là exploitent encore le théâtre de l'Opéra-Comique. Il y reste si peu de place qu'un de nos jeunes compositeurs, grand prix de Rome, a été contraint de porter sur le théâtre de Rouen un ouvrage qu'il n'avait pu faire représenter à Paris (1). Il faut cependant que la pensée du Conservatoire ne soit pas stérile ; que servirait d'ouvrir à tant de jeunes gens une carrière sans issue, de leur donner, aux frais de l'État, une éducation dont ils ne sauraient que faire ; d'envoyer à Rome les plus dignes d'entre eux, si, au retour de ce stage dans la vieille capitale des arts, ils ne trouvaient dans leur patrie que la déception et la misère ? Il est évident que le privilège exclusif accordé à l'Opéra-Comique est la perte de l'art.

Ici la note rappelle les excellents résultats de la concurrence établie à une époque antérieure entre le Théâtre-Favart et le Théâtre-Feydeau. Puis elle continue :

L'existence de deux théâtres d'opéra comique est nécessaire à l'art musical comme à l'existence matérielle et par conséquent à l'émulation des disciples de ces grands maîtres ; mais en attendant que l'expiration d'un malheureux privilège vous permette d'établir cette concurrence, il importe de conserver à nos compositeurs la scène nouvelle qu'on leur a ouverte. Nous vous demanderons, en conséquence, que le théâtre de la Renaissance soit maintenu dans toute la teneur de son privilège sous le rapport de la musique, qu'il n'en soit distrait que le droit de jouer le drame, la comédie et la tragédie ; que la subvention, si souvent réclamée pour ce théâtre, lui soit attribuée, et qu'il reçoive en outre la faculté de représenter tous les opéras comiques des maîtres que nous venons de citer et que le théâtre privilégié n'aurait pas joués lui-même depuis dix ans. — Cette subvention serait indispensable pour venir au secours du théâtre, dans le cas où une mise en scène dispendieuse ne serait pas suivie d'un succès productif, et ce cas doit être prévu. La représentation des anciens opéras comiques abandonnés par le théâtre dont ils ont fait la gloire et la fortune, aurait l'avantage de sauver de l'oubli des chefs-d'œuvre reconnus même à l'étranger, et d'offrir à nos jeunes compositeurs des modèles où le public puiserait en même temps des leçons de goût.

Signé : CASIMIR DELAVIGNE, VIENNET, MÉLESVILLE, DUPEUTY, BOUCHARD, DE ROUGEMONT, ANICET BOURGEOIS, BAYARD, A. DUMAS, GRISAR, VICTOR HUGO, LOCKROY, ROSIER, SCRIBE.

On croyait si peu, dans les premiers mois de 1840, à la durée du théâtre de la Renaissance, que le 30 mars un arrêté minis-

---

(1) Il s'agit des *Catalans*, d'Elwart, opéra représenté en février 1840 à Rouen.

1840 tériel concédait le privilège du Théâtre-Italien, et obligeait le nouveau directeur, M. Dormoy, à exploiter dans la salle Ventadour à partir du 1ᵉʳ octobre de la même année. Le § 4 dudit arrêté ajoutait :

> Le directeur entrepreneur ne pourra maintenir le Théâtre-Italien dans la salle de l'Odéon que si le loyer demandé pour la salle Ventadour était trop élevé, ce que nous nous réservons d'apprécier.

Le ministère avait prévu ce qui devait arriver. Les actionnaires de Ventadour, plus férus que jamais de leur idée d'avoir chez eux l'Opéra-Comique, ne montrèrent aucun empressement à recevoir les Italiens. Ils haussèrent leurs exigences d'une façon démesurée, estimant à deux cent mille francs le loyer annuel de leur immeuble. Le nouvel impresario était d'autant moins en mesure d'accéder à de telles prétentions, que la subvention de 70,000 francs jusqu'alors attribuée au Théâtre Italien allait être supprimée. Il fut donc impossible de s'entendre. Tandis que de part et d'autre l'on s'épuisait en inutiles pourparlers, Anténor Joly reprenait l'assurance, et se disposait à rentrer en possession de son fauteuil directorial. Le 19 octobre 1840, un nouvel arrêté intervenait qui l'autorisait à exploiter de nouveau, et jusqu'au 1ᵉʳ août 1841, la concession du théâtre de la Renaissance. Il s'engageait à céder à cette époque la salle Ventadour, sans indemnité d'aucune sorte, si l'autorité jugeait à propos de donner à ce théâtre une autre destination. La Renaissance allait reparaître sur les affiches et, comme un cadavre galvanisé, retrouver un semblant de vie.

Anténor Joly devait recommencer la série de ses représentations le 15 novembre au plus tard, sous peine de déchéance. Il ne fut prêt que le 9 janvier 1841. Encore ne put-il pas ouvrir ce jour-là : pour des raisons de politique étrangère, le nouveau drame qu'il avait l'intention de donner, *Il était une fois un roi et une reine*, fut interdit par le Gouvernement. C'est le 27 janvier seulement que le public fut convié à visiter de nouveau la salle Ventadour.

La nouvelle exploitation dura trois mois environ. Voici les titres des ouvrages dramatiques qu'elle produisit, avec l'indication du nom des auteurs :

6 février : *la Fête des fous*, 5 a. A. Fournier et Arnould ;

7 février : *la Paix ou la Guerre*, 1 a. Saint-Amand ;

1er mars : *la Fille du tapissier*, 3 a. Cormon et Saint-
Amand ;

27 mars : *Zacharie* ou *l'Avare de Florence*, 5 a. A. Dumas,
drame qui fit un certain bruit. Il donna à Frédérick-Lemaître,
qui y jouait le rôle principal, l'occasion d'être sifflé et de prononcer un de ces *speechs* qu'il aimait à adresser au parterre.

18 avril : *le Beau-Père*, 1 a. Cormon et Chabot de Boin ;

29 avril, au bénéfice de Mme Fitz-James, *l'École des jeunes
filles*, cinq actes de Mme Mélanie Waldor.

La musique n'a à réclamer dans cette période que quelques
airs nouveaux intercalés dans un vaudeville, *la Fée aux
Perles* (2 a. A. de Camberousse et Deslandes, 30 janvier), un
grand concert donné le 24 mars par H. Vieuxtemps, et les
danses plus ou moins caractéristiques exécutées aux bals
masqués (*la Famille de Gayant* ou *les Géants de Douai, Arlequin*,
quadrille de toutes couleurs, *Galop infernal du Jugement dernier*,
joué avec un supplément de quarante trompettes romaines,
Titi à la noce des Titans, galop électrique, etc., etc.).

Le mois d'avril 1841 se passa en pourparlers entre Dormoy,
directeur du Théâtre-Italien, et les propriétaires de la salle
Ventadour. Ceux-ci avaient lâché sur plusieurs points ; il n'y
avait plus qu'une difficulté : celle des trois cents entrées et des
six loges, que la Commission des auteurs dramatiques, dans
la note citée plus haut, avait jugées ruineuses pour toute exploitation à Ventadour. Les entrées furent réduites, mais les
propriétaires ne voulurent pas démordre de leur prétention
aux loges. La direction Dormoy dut en passer par là. Tout
étant entendu, Anténor Joly n'avait plus qu'à déguerpir. Dans
les premiers jours de mai, il obtint l'autorisation de fermer
le théâtre de la Renaissance. Il conservait son privilège, avec
le droit d'exercer où bon lui semblerait. L'occasion ne s'offrit
jamais à lui.

L'histoire du théâtre de la Renaissance ne serait pas complète sans l'anecdote suivante, que nous empruntons textuelle-
ment au livre d'A. Malliot, *la Musique au théâtre*.

« Le matin même de la première représentation de *Lucie
de Lammermoor*, Donizetti, par intérêt pour ce théâtre, avait
renoncé à ses droits d'auteur. Anténor Joly n'accepta point
cette concession, exemple magnifique qui n'est guère imité

1840 par nos directeurs d'aujourd'hui (1). Pour reconnaître ce procédé, Donizetti s'engagea à écrire un opéra pour le théâtre. Cet opéra devait avoir pour titre *l'Ange de Nisida ;* mais la scène de la Renaissance ayant succombé sous le poids des persécutions, ce fut l'Académie royale de musique qui hérita de cet ouvrage qui devint *la Favorite,* un des plus grands succès de la musique moderne. »

---

(1) Est-il bien exact de dire que Donizetti renonçait à ses droits d'auteur? A cette époque, les ouvrages musicaux de l'étranger étaient considérés comme faisant en France partie du domaine public. D'après cet usage et au point de vue légal, Anténor Joly ne devait rien au compositeur de *Lucie de Lammermoor :* il voulut néanmoins lui payer les droits d'auteur, que Donizetti accepta sur ses instances. (V. Th. Gautier, *Hist. de l'art dram. en France,* 1ʳᵉ série.)

VI

(1841-1870.)

En venant s'installer d'une façon définitive dans l'ancien théâtre royal de l'Opéra-Comique, les Italiens amenaient un public spécial d'abonnés qui leur était attaché et les avait constamment suivis de Favart à Ventadour, de Ventadour à l'Odéon. De longues explications à ce sujet sont inutiles pour ceux qui ont lu Balzac. Au moment où le grand romancier place l'action de ses *Scènes de la vie parisienne*, c'est-à-dire sous la Restauration et la monarchie de juillet, le Théâtre-Italien — autrement dit les Bouffons ou les Bouffes — avait une physionomie particulière et inoubliable. Sa salle offrait, réunis dans un étroit espace, les personnages les plus en vue de Paris.

« C'est au foyer de la salle Favart (1), pendant une représentation de *Don Giovanni* ou de la *Gazza Ladra*, que se résolvent les brûlantes questions de la politique du moment ; c'est là que de jeunes hommes, tout enflammés de l'enthousiasme allumé la veille par une représentation d'*Hamlet* ou de *Roméo et Juliette* avec Kemble et Miss Smithson, défendent avec chaleur l'art romantique contre quelque perruque qui pousse

---

(1) J. Tiersot, *Réforme* du 1er mai 1880.

841 des « Ha ! » d'indignation en invoquant Racine et Boileau.
Princes, financiers, désœuvrés, hommes politiques, étudiants
en bonne fortune remontent cérémonieusement l'escalier et
traversent les couloirs de la salle Louvois ou de l'Odéon,
conduisant dans sa loge une belle dame dont le sourire
apprêté et l'allure fière contrastent parfois avec un trouble
qu'elle cherche à dissimuler. Là, les courtisanes étalent leurs
splendeurs en face des femmes légitimes et titrées ; là se
donnent les rendez-vous ; et tandis que la Pasta chante *Di
tanti palpiti* ou Garcia *Ecco ridente il cielo*, les déclarations
vont leur train.

« Puisque vous aimez la musique italienne, je serais heureuse si vous vouliez me faire le plaisir d'accepter une place
dans ma loge. Nous aurons samedi la Fodor et Pellegrini, je
suis sûre alors que vous ne me refuserez pas. »

« Voilà ce que la fille du père Goriot écrit à Rastignac ; et
pendant la représentation, « ils se prennent les mains, se
parlent par des pressions plus ou moins vives, en se commu-
niquant les sensations que leur donne la musique. »…. Ce
qui n'empêche pas le pensionnaire de la maman Vauquer de
s'écrier hypocritement au déjeûner du lendemain : « L'on
donnait hier aux Italiens le *Barbier de Séville* de Rossini. Je
n'ai jamais entendu de si délicieuse musique. Mon Dieu ! est-
on heureux d'avoir une loge aux Italiens ! »

Heureux, en effet, car une loge aux Bouffons était le
signe certain de la fortune et de la puissance. La saison
s'ouvrait, comme on sait, au mois d'octobre, et les représentations avaient lieu les lendemains des jours d'Opéra, c'est-à-
dire les mardis, jeudis et samedis. Là s'étalaient les triom-
phantes beautés des marquises d'Espard et des duchesses de
Langeais, étincelantes des mille feux de leurs diamants. La
duchesse de Maufrigneuse y cachait ses intrigues sous les
marques d'une prodigalité folle, et s'y livrait à la muette
admiration d'un Michel Chrestien. Là aussi, tandis que le flot
des cavatines, roulé par les voix d'or des *primi assoluti*, berçait
les rêves ambitieux d'un de Marsay ou remuait dans l'âme
tendre d'un Félix Vandenesse la douceur des souvenirs,
Lucien de Rubempré, accoudé au rebord de la loge de la
comtesse de Sérizy, sentit pour la première fois se dérober
sous ses pieds le terrain mouvant où devait s'élever sa fortune.

Et comme à Paris l'excentricité trouve partout sa place, on
voyait au parterre, parmi les étudiants qui s'étaient privés de

dîner pour venir aux Bouffons, le Professeur d'italien, ce type populaire aimé du Gavroche. Ses habits et son chapeau étaient toujours parsemés de fleurs naturelles ; placé au premier rang, il applaudissait aux bons endroits, tandis que, caché dans le fond d'une loge, le doux Carnevale, entièrement vêtu de jaune, de vert ou de marron, selon le temps ou son humeur, revoyait le ciel bleu de sa patrie en écoutant Cimarosa.

Pour recevoir dignement ses nouveaux hôtes, la salle Ventadour crut devoir faire toilette. A peine Anténor Joly avait-il quitté le théâtre que les ouvriers l'envahissaient. Les travaux eurent lieu sous la direction d'un architecte nommé Charpentier. Les baignoires furent avancées de façon à contribuer à la décoration, et à figurer avec les premières loges comme un amphithéâtre. Les loges couvertes du premier rang, un peu cachées et rendues à demi obscures par la saillie des galeries supérieures, furent garnies de candélabres destinés à augmenter l'effet des toilettes. L'aspect général devint noble et riche. L'or, répandu à profusion sur le blanc des galeries, brillait à la lumière du gaz et répandait partout un éclat extraordinaire. Le plafond, peint à nouveau, représentait un filet à mailles dorées à travers lequel apparaissait un ciel étoilé. Le grenat remplaça le bleu sur les tentures. De moëlleux tapis garnirent les couloirs. Enfin, chaque spectateur du parterre trouva à portée de sa stalle un trou profond où il lui fut permis d'introduire son chapeau : innovation généralement appréciée à une époque où la forme des coiffures d'homme avait pris des proportions invraisemblables, gigantesques.

La saison s'ouvrit le samedi 2 octobre 1841 par une représentation de *Semiramide*. En face des splendeurs nouvelles de la salle, la mesquinerie des décorations et des costumes apparut plus piteuse que jamais. C'était comme un point d'honneur auquel les impresarii de Ventadour sont restés fidèles jusqu'à la fin, de n'attacher aux détails de la mise en scène qu'une importance minime. Malgré les plaisanteries souvent répétées des journaux, toujours les toiles ont été aussi inférieures, les figurants aussi pauvrement et ridiculement vêtus. Là était la grande et constante différence entre l'Opéra et les Italiens. Salle Ventadour, point de corps de ballet. Le peuple des marcheuses aux formes arrondies, la foule des choristes sont remplacés par quelques faméliques, porteurs de haillons qui semblent sortir des antiques profondeurs du Temple. Quant à ces merveilles de peinture qu'on admirait rue Le Peletier et qui font la gloire du Nouvel-Opéra, le Théâtre-Italien n'a jamais songé à rivaliser sous ce rapport avec l'Académie de musique, même de loin. Qu'est-ce donc qui attirait ou retenait aux Bouffes un public chaque année plus fidèle? Ceci seulement : la musique et les chanteurs.

Malheureusement musique et chanteurs étaient, vers 1841, en proie à une visible décadence. La glorieuse période du commencement du siècle avait terminé son cours; le cycle rossinien était fermé. L'auteur de *Guillaume Tell*, qui avait illustré la scène italienne de tant de chefs-d'œuvre sérieux et bouffons, s'obstinait dans sa retraite. « O maître souverain, Rossini, Rossini, vous avez commis le plus grand crime dont homme de génie se puisse rendre coupable : vous avez depuis dix ans gardé pour vous seul ce que Dieu vous avait donné pour tous! » Ainsi s'écriait Théophile Gautier dans son feuilleton de *la Presse;* mais nulle objurgation n'était assez puissante pour vaincre la résolution du dieu. Deux fois seulement durant la longue carrière d'années qu'il lui était réservé de parcourir, Rossini devait rompre le silence. En temps ordinaire, il s'occupait de cuisine et faisait des mots. Donizetti, son imitateur et son disciple, prodiguait dans de hâtives improvisations les restes d'une facilité dont le prodige allait bientôt se tourner en folie. Bellini était mort depuis quatre ans. Il n'y avait plus de compositeurs : l'art italien disparaissait, corrompu et se dissolvant en une déliquescence affadie.

Un génie alors encore inconnu était destiné à lui apporter une nouvelle vie, d'autres éléments d'existence, une raison d'être plus apparente : les mâles accents de Verdi allaient bientôt réveiller la vieille Ausonie. Nous assisterons aux débuts de ce compositeur, — débuts difficiles chez nous, car avant d'être admis dans le temple des élus il fit un long stage à la porte. Nous verrons mûrir et croître son talent. Très discuté dans ses premières tentatives, il conquiert peu à peu ce public de délicats que sa brutalité première avait choqué, et nous verrons en fin de compte les plus incrédules se convertir au verbe nouveau. Mais, si grâce à Verdi la musique italienne vit encore, on peut dire de lui qu'il a porté le dernier coup au chant italien tel qu'on le comprenait il y a une quarantaine d'années. La grande école de chant dont la méthode se rattachait aux traditions du dernier siècle et qui prenait les sopranistes pour modèles, avait été à son apogée vers 1830. La Pasta, la Malibran, la Sontag, Rubini, Tamburini, Graziani, Lablache, troupe glorieuse dont les poètes nous ont conservé la mémoire! pléiade toujours vivante, où chaque étoile prend de l'étoile voisine un plus lumineux éclat! De ces noms de femme qui avaient fait battre tant de cœurs et vibrer tant d'intelligences, un seul retentissait encore quelquefois au milieu des applaudissements : celui de la Persiani. Mais que cette excellente artiste était loin de ses devancières! La voix était maigre et déjà sans doute affectée de la maladie qui devait bientôt l'éteindre. Mme Pasta, après une campagne en Russie qui lui avait rapporté plus d'argent que de gloire, vivait retirée au bord d'un lac italien. Malibran était morte, Mlle Sontag était comtesse Rossi, et l'art pleurait la perte de ces deux rivales, sœurs par le génie.

Rubini boudait la France, qui lui avait refusé la croix de la Légion d'honneur, et s'apprêtait à partir pour Saint-Pétersbourg, où l'empereur Nicolas devait le nommer colonel. Restaient Tamburini et Lablache, déjà vieux et fatigués, mais toujours admirables. Tamburini étonnait par la facilité et le charme de sa vocalisation. Il savait aussi, dans les scènes pathétiques, trouver le chant large et expressif. Agréable de visage, élégant de taille et de tournure, il paraissait également à son avantage dans les rôles comiques et sérieux. Quant à Lablache, c'était, à tous les points de vue, un artiste supérieur. Énorme, mais sans difformité, car sa haute taille lui permettait une colossale corpulence, plein de souplesse et d'esprit, distingué de manières, sa physionomie comme sa voix savait rendre les sentiments et les rôles les plus divers. Sa belle tête romaine portait superbement la couronne de chêne des prêtres de *Norma*. Lancées avec son extraordinaire puissance, les imprécations d'Assur semblaient partir de la bouche d'un Jupiter tonnant. Le comique et la farce le trouvaient aussi sublime dans un autre genre, car il était acteur de premier ordre. La voix de Lablache était fameuse par la surprenante vibration de son *ré*, comme celle de Rubini par ce *sol* extraordinaire qui semblait reculer les limites de la puissance humaine.

Il fallait pourtant un successeur à ce ténor que Paris ne pouvait captiver. La direction crut l'avoir trouvé dans Ronzi, qu'elle annonça à son de trompe et à grand renfort de réclames. Le malheur voulut que Ronzi, à peine débarqué sur les rives de la Seine, fut pris d'un enrouement qui résista aux

1841 remèdes les plus énergiques et dura tout l'hiver. Force fut aux dilettanti de se contenter de Mario. Et en vérité leur sort n'était pas si fâcheux. Depuis ses débuts dans *Robert le Diable* à l'Opéra, le jeune marquis de Candia avait fait d'énormes progrès. Il commençait à connaître les secrets du métier, et savait à merveille conduire cette voix dont le charme élégiaque devait durer si longtemps. D'une figure régulière, d'une taille bien prise, avec ses manières de gentilhomme, il eut bientôt mis les dames de son côté, ce qui est l'essentiel pour un ténor.

A côté de Lablache, de Tamburini et de Mario, l'on applaudissait la Grisi, qui partageait avec la Persiani l'emploi de prima donna. Giulia Grisi était une magnifique personne : des traits d'une régularité sévère, des yeux de feu, une noire et abondante chevelure donnaient à sa physionomie une expression de beauté rare. Sa voix parcourait avec une égalité et une homogénéité parfaites une échelle de deux octaves. Cette voix, assouplie par l'étude, se prêtait aux légères vocalises de *la Gazza ladra* et du *Barbiere;* mais le caractère de son timbre la portait plutôt vers les rôles de force, auxquels la cantatrice semblait aussi destinée par l'aspect imposant de sa personne. C'est avec Desdemona, Anna Bolena, Norma, que Mlle Grisi rencontra ses plus beaux accents, obtint ses plus éclatants triomphes. Ce qu'on admirait le plus dans son chant, c'était les *smorzature*, ou passages du forte au piano, dont elle avait emprunté l'artifice à Rubini.

Les ténors Donati et Mirate, les basses Morelli, Campagnoli et Lablache fils qui était sur le point de débuter, Mmes Villaumi, soprano, Albertazzi et Dolti, contralti, complétaient la troupe engagée pour l'hiver de 1841–42. Tadolini était directeur de la musique; Tilmant conduisait l'orchestre, et Tariot était chef des chœurs. L'événement le plus considérable de la saison fut l'exécution du *Stabat* de Rossini, qui eut lieu le ven-
1842 dredi 7 janvier 1842.

Le succès fut très grand. Mmes Grisi et Albertazzi, Mario et Tamburini chantaient les solos ; quatre morceaux furent bissés le jour de la première audition. Tout s'était réuni d'ailleurs pour faire de cette exécution une solennité artistique. L'administration de l'Académie royale voyait avec peine une œuvre de Rossini passer au Théâtre-Italien. Elle fit son possible pour gêner les études, et alla jusqu'à interdire à ceux des choristes qui faisaient à la fois le service de l'Opéra et des Bouffes de chanter dans le *Stabat*. Les pauvres gens

obéirent, mais les ensembles de Rossini n'en allèrent que
mieux : les artistes de la compagnie italienne sans emploi
dans les soli avaient pris sur les banquettes du chœur la
place des choristes de l'Opéra.

Ce n'est pas tout. La première audition du *Stabat* avait eu
lieu le vendredi 7 janvier ; la seconde était annoncée pour le
mercredi 19. Léon Pillet réclama, et se plaignit que le Théâtre-
Italien empiétât sur son domaine, les lundis, mercredis et
vendredis étant réservés à l'Opéra. En vain les administrateurs de Ventadour proposèrent de donner leurs concerts en
matinée et non le soir. Le privilégié des jours impairs tint
bon, et le ministre, sur l'avis d'une commission spécialement
réunie pour examiner l'affaire, décida en faveur de l'Opéra.

Le *Stabat* de Rossini donna naissance à une autre contestation, beaucoup plus longue et plus compliquée. Un procès
eut lieu, qui erra du civil au correctionnel : car ce n'est
pas seulement des arguments que les adversaires avaient
échangé, et, au sortir d'une audience du tribunal, on en
était venu aux mains dans la salle même des Pas-Perdus.
Une importante question de propriété s'agitait entre deux édi-
teurs. On sait que le *Stabat* avait été composé par Rossini, sur
les instances de M. Aguado, à l'intention d'un archidiacre
espagnol, Francisco Varela, dont le maestro avait fait connaissance en 1832 dans un voyage à Madrid. En échange de
sa partition, qu'il dédiait à Varela, Rossini avait reçu une
tabatière en or enrichie de diamants. L'ouvrage fut exécuté
une seule fois, le vendredi-saint de l'année 1833, dans la
chapelle de Saint-Philippe-le-Royal, à Madrid, par un nombreux orchestre, sous la direction d'un chef nommé Romon
Carmino. En 1837, le révérend Varela était mort, léguant son
bien aux pauvres ; ses exécuteurs testamentaires trouvèrent
dans sa bibliothèque un manuscrit dont le titre portait, de
la main de Rossini :

STABAT MATER

*Composto espressamente per sua excellenza don Francisco Fernan-
dez Varela, gran croce dell'ordine di Carlo terzo, arcidiacono di
Madrid, commissario generale della crozada, a lui dedicato da*

GIOACHINO ROSSINI.

Parigi, 26 marzo 1832.

1842 Pour des conseillers de la couronne, non initiés aux mystères du commerce de musique, la rédaction de cette dédicace prêtait à équivoque. Les exécuteurs testamentaires de Varela crurent que le *Stabat* leur appartenait ; ils le vendirent en toute propriété, moyennant la somme de cinq mille réaux de veillon, à un nommé Oller, qui lui-même le céda pour deux mille francs à l'éditeur Aulagnier. Celui-ci, en société avec son confrère Schlesinger, se mit aussitôt en devoir de graver la partition du maître.

Rossini habitait alors Bologne où il était directeur du Conservatoire. Il fut peu flatté d'apprendre la prochaine publication de son œuvre. Il l'avait écrite avec une précipitation qui, à l'heure actuelle, lui parut regrettable : plusieurs morceaux même n'étaient pas de lui, mais de Tadolini. Le sublime paresseux reprit la plume pour écrire à nouveau son *Stabat*, qu'il vendit à Troupenas pour le prix de six mille francs. En même temps il chargeait son éditeur de s'opposer à toute publication ou exécution du premier *Stabat*, qu'il avait dédié, mais non donné ni vendu à feu Varela.

Dans ces conditions, les droits du second cessionnaire devaient être reconnus par le Tribunal. Ils le furent, et Troupenas obtint un jugement qui le déclarait seul propriétaire de l'œuvre. Du reste, il n'avait pas attendu le gain de son procès pour se conduire comme tel. Le dimanche 31 octobre 1841, six morceaux du *Stabat* avaient été chantés par ses soins à la salle Herz. Il avait ensuite, moyennant la somme de huit mille francs, cédé à Léon et Marie Escudier, et pour trois mois, le droit d'exécuter la partition de Rossini. Ceux-ci organisèrent la première audition à Ventadour, puis revendirent leurs droits à Dormoy vingt mille francs. Le *Stabat* fut entendu quatorze fois et rapporta cent cinquante mille francs au directeur du Théâtre-Italien (1). Donné le lundi 7 mars (2) au bénéfice de Tamburini, il occasionna une recette

---

(1) Azevédo. *Rossini, sa vie et ses œuvres.*

(2) Le Théâtre-Italien avait le droit de donner chaque hiver un certain nombre de représentations extraordinaires pour lesquelles il était libre de choisir les jours d'Opéra. En 1842, ce nombre était limité à six. — Deux dimanches par mois appartenaient aux Italiens, deux à l'Opéra.

de treize mille francs (1). On voit que Rossini était encore
le moins bien partagé dans toute cette affaire.

Outre le *Stabat*, la première saison des Italiens au Théâtre-
Ventadour donna lieu à quelques nouveautés éphémères et
à des reprises sans importance. Le relevé suivant des ouvrages joués, avec le nombre des représentations qu'ils ont atteint,
donnera une idée du répertoire à cette époque.

Semiramide, 5 représentations ;
L'Elisir d'amore, 4 ;
I Puritani, 6 ;
La Cenerentola, 3 ;
La Sonnambula, 3 ;
Norma, 8 ;
Lucia di Lammermoor, 13 ;
Il Turco in Italia, 6 ;
Il Barbiere di Siviglia, 7 ;
Lucrezia Borgia, 7 ;
La Vestale (Mercadante), jouée pour la première fois à Paris
le 23 décembre 1842, 7 représentations ;
Don Giovanni, 4 (Grisi et Tamburini parurent faibles dans
cet opéra);
Le Cantatrici Villane (Fioravanti), 5 représentations ;
Saffo (Pacini), joué le 15 mars pour la première fois, 3 re-
présentations.

La clôture se fit le 31 mars. Au mois d'avril, une troupe
de chanteurs allemands, sous la direction d'un nommé Schumann, vint s'abattre sur Ventadour. Le récit de leurs faits
et gestes ne tiendra pas grande place. Le 23 avril, ils donnèrent *le Freyschütz* ; le 28, *Jessonda,* de Spohr ; le 3 mai, *Une
Nuit à Grenade,* de Conradin Kreutzer. Malgré le talent du
baryton Pœck et de Mmes Schumann et Walker, le succès ne
se décida pas. Quatre-vingts artistes se trouvèrent bientôt sur
le pavé. Ils parvinrent cependant à organiser, pour le 23 mai,
une dernière représentation où ils jouèrent *Fidelio.* La recette
atteignit le chiffre de sept mille francs. Toute remise de droits

(1) *France musicale,* 5ᵉ année, nᵒ 11.

ayant été faite aux malheureux musiciens, cette somme leur resta presque entière et permit aux principaux d'entre eux de regagner leur pays. Les choristes, dont le public avait admiré la puissance et l'ensemble, furent engagés aux concerts Vivienne.

La saison suivante ramenait sur les affiches du Théâtre-Italien un nom devant lequel on ne peut passer sans s'arrêter. Il était dans la destinée de Mme Viardot–Garcia d'acquérir sur d'autres scènes une illustration bien autrement glorieuse. A quelques années de là, elle allait à l'Opéra créer le rôle de Fidès du *Prophète*, on sait avec quel éclat. Plus tard encore, en faisant revivre les personnages de Gluck, elle devait nous faire éprouver des émotions que ceux qui l'ont entendue ne peuvent oublier. Elle suivait alors la carrière italienne et chantait Desdemona d'*Otello*, Arsace de *Semiramide*, Rosine du *Barbiere*, Ninetta de *la Gazza ladra*, la *Cenerentola*, donna Anna, Zerline de *Don Giovanni*. Sa voix était exceptionnellement étendue ; comme celle de la Malibran, sa sœur, elle allait du *fa* grave au *ré* aigu, unissant dans son échelle extraordinaire les deux registres du soprano et du contralto. Mais ce qui lui donnait sur le public une puissance incontestée, c'est moins cette faculté d'atteindre les sons extrêmes de la gamme que l'âme, l'accent, la vie qui débordaient de cette voix. Lors de ses premiers débuts — l'artiste avait alors dix-sept ans à peine et n'était pas encore connue à Paris, — le correspondant de la *Gazette musicale* à Berlin écrivait après un concert donné par Pauline Garcia :

Le journaliste doit franchement avouer que depuis les temps où retentissaient les voix miraculeuses des Schechner et des Catalani, il n'a jamais été remué par le son d'une voix féminine aussi profondément que par celui de cette jeune cantatrice. Ce n'est pas que ce son soit beau, absolument parlant; au contraire, l'organe a des parties défectueuses; mais on y sent une âme, un esprit, ou, si l'on veut, ce que l'on pourrait appeler la physionomie de la voix, et c'est cette expression individuelle qui émeut à ce point le soussigné.

Quelques mois après, Pauline Garcia venait se faire entendre à Paris. C'est la salle Ventadour qui eut l'étrenne de ce magnifique talent; il nous faut revenir un peu sur nos pas pour raconter le concert donné le 15 décembre 1838 au théâtre de la Renaissance. La jeune cantatrice y apparaissait en compagnie de son beau-frère. Depuis la mort de Maria-Felicia, Charles-Auguste de Bériot s'était condamné au silence et avait renoncé à se faire entendre. Son deuil finit avec l'entrée de Pauline dans la carrière artistique. Pour la produire, il donna d'abord un grand concert à Bruxelles ; puis ils parcoururent l'Allemagne ensemble, partout accueillis par les témoignages de la plus vive admiration, et enfin ils vinrent à Paris. Nous trouvons dans la *Gazette musicale* le compte rendu de cet événement par Ernest Legouvé. Après avoir apprécié le talent de Bériot, grandi encore, selon lui, durant cette longue retraite, le critique parlait ainsi de la voix de Pauline Garcia :

Les notes du bas sont pleines de charme et d'émotion ; les notes du haut ont de l'éclat et de la vigueur, et le médium est encore empreint de cette faiblesse juvénile qui est une grâce de plus parce qu'on sent que ce qui manque ne manquera pas longtemps.

De son côté, Alfred de Musset consacrait au concert du 15 décembre (1) un long article de la *Revue des Deux-Mondes*, qu'il terminait par sa jolie pièce *Sur les débuts de Mesdemoiselles Rachel et Pauline Garcia :*

Ainsi donc, quoi qu'on dise, elle ne tarit pas
La source immortelle et féconde.....

Engagée à Londres pour la saison 1839, Pauline Garcia revint à Paris l'automne suivant, et débuta à l'Odéon le 8 octobre. Au mois d'avril 1840, elle épousait M. Louis Viardot, faisait un voyage en Italie et revenait parmi nous en 1842, après s'être fait entendre dans plusieurs capitales. Elle débuta

---

(1) La recette s'était élevée à treize mille francs. Le programme était composé, pour la partie vocale, de 1° un air de bravoure de Costa ; 2° un air de Bériot ; 3° la *Cadence du Diable*, sorte de scène avec accompagnement de violon, de Panseron, sur l'idée de la célèbre sonate de Tartini. Ces morceaux n'étaient bons qu'à faire valoir le talent mécanique de la cantatrice, mais nullement sa diction et son style, que l'on put apprécier quelques mois plus tard à un concert donné par la direction de la *Gazette musicale*. Elle y chanta le 3e acte *d'Orphée* aux vifs applaudissements de Berlioz.

1842 à Ventadour le mardi 11 octobre, dans *Semiramide*, où elle donnait la réplique à Mlle Grisi. Le succès fut très grand : rarement pareille avalanche de fleurs était tombée sur la scène des Italiens.

Ce qui frappait d'abord quand on voyait Mme Viardot au théâtre, c'était, avec l'autorité de sa personne, de sa démarche, de son geste, la singularité du vêtement. Sous ce rapport l'artiste se piquait de rechercher la plus scrupuleuse exactitude. Elle ne portait de costumes que faits sur des dessins qu'elle allait elle-même prendre aux estampes de la Bibliothèque nationale. Car elle dessinait sans avoir appris, de même qu'elle savait la musique sans l'avoir étudiée. Elle avait le don de la composition, et l'invention tellement facile que lors de ses débuts dans *le Barbier*, ayant eu un défaut de mémoire, elle se mit subitement à improviser des traits qui excitèrent l'enthousiasme, malgré ce qu'ils avaient d'étrange et d'insolite.

En dehors de ses aptitudes artistiques, Mme Viardot est une intelligence vive et forte. La réunion de tant de qualités, et le feu du sang des Garcia qui coulait dans ses veines, imprimaient à son talent une profonde originalité, une de ces originalités qui s'imposent et assurent à ceux qui les possèdent les premières places dans l'histoire de l'art.

Un artiste moins célèbre, parce qu'il est toujours resté chanteur italien et n'est jamais sorti des quelques rôles qui constituaient son emploi, débuta quelque temps après la rentrée de Mme Viardot. Ronconi avait une très belle voix de baryton ; de plus il était remarquable par la verve en même temps que par la finesse du rendu. Comme ses confrères, il jouait indifféremment le bouffe et le sérieux. Partout il était à sa place : cependant sa physionomie spirituelle, éclairée par un regard presque toujours un peu narquois, le rendait plus propre au comique. Il plaisait d'autant mieux dans ce genre que son esprit et son goût presque parisiens l'empêchaient de jamais se laisser aller aux exagérations qui nous choquent parfois dans le jeu de ses compatriotes.

Il était bien nécessaire que la direction du Théâtre-Italien cherchât des nouvelles basses à faire débuter. Tamburini et Lablache annonçaient leur retraite. Ce dernier, en quittant Paris, nous laissait le souvenir d'une de ses plus belles créations, *Don Pasquale*.

Cet ouvrage, écrit en huit jours et représenté le 4 janvier

1843, fut le dernier éclat jeté par le facile génie de son auteur. La grâce et l'abondance mélodique, la gaieté, non celle du *Barbier*, qui ne laisse aucune place au sentiment, mais une gaieté plus douce et qui parfois s'attendrit au feu de la passion, faisaient de *Don Pasquale* une des œuvres les plus véritablement charmantes du répertoire bouffe italien. Lablache, dans le rôle du vieux bourgeois célibataire et amoureux, était étourdissant de verve et de talent. Tamburini chantait le rôle du docteur, Mario celui d'Ernesto, qui lui fournit, surtout avec la jolie sérénade du deuxième acte, l'occasion d'un très vif succès. Mlle Grisi, dans Norina, complétait un ensemble difficile à égaler.

Le livret qui est, au reste, d'une simplicité antique, ne faisait que reproduire une pièce jouée en 1810 à Milan et en 1816 aux Italiens de Paris : *Ser Marc'Antonio*, musique de Pavesi. *Don Pasquale* est un des rares opéras à succès qui se jouent en habit noir et redingote. Du moins est-ce ainsi qu'il était représenté aux Italiens; quand on a fait passer la traduction française au Théâtre-Lyrique, on a cru devoir donner aux acteurs des costumes de fantaisie.

En dehors de la musique italienne, il nous faut signaler un certain nombre de manifestations artistiques qui se produisirent à la salle Ventadour vers cette époque. La première est la représentation de *Pigeon-Vole*, ou *Flûte et Poignard*. Le titre seul de cette pièce indique chez son auteur un étrange renversement des idées. Et pourtant Castil-Blaze, malgré le sobriquet de *Castel-Blague* que Rossini se plaisait à lui donner, était un homme d'esprit et de savoir; mais son imagination le servit mal en cette circonstance. Le drame *Pigeon-Vole* eut un succès de rire. Blaze cria à la cabale : il se croyait entouré d'ennemis. Le fait est qu'il avait si bien perdu la tête entre sa flûte et son poignard, qu'il ne savait même plus appliquer ses théories les plus chères et les plus certaines en fait de prosodie française. En parodiant, suivant l'expression alors usitée, la célèbre romance de la *Romanesca*, il avait placé les accents tout de travers. Quant aux morceaux de son crû qui composaient le reste de la partition de *Pigeon-Vole*, ils étaient, quoi qu'il en pût dire, bondés de réminiscences.

Castil-Blaze, à qui le dialogue parlé de nos opéras comiques déplaisait, voulut, dans *Pigeon-Vole*, introduire sur la scène française le *recitativo secco* des Italiens. C'est sans doute

1843 la seule tentative qui ait été faite en ce genre : elle ne réussit pas. Quelques jours après l'unique représentation de son mélodrame, l'auteur-compositeur, critiquant lui-même son œuvre, écrivait dans *la France musicale :*

« *Pigeon-Vole* est infiniment trop long. Les récitatifs ont embarrassé, ralenti l'action au point de la rendre inintelligible ; je les supprime entièrement et les remplace par un dialogue parlé d'opéra comique. Je fais disparaître aussi la moitié de *la Romanesca*, la barcarolle en entier et les cinq sixièmes de l'air concertant avec la flûte. C'est réduire la pièce à de justes proportions. »

Malheureusement, même ainsi allégée, sa colombe, comme il disait, ne put prendre son vol. Elle était tombée trop lourdement, et resta à ras de terre pour jamais.

1844 La musique française parut à Ventadour avec un autre éclat aux derniers jours de l'année 1844. Le 3 décembre avait eu lieu au Conservatoire un concert qui avait révélé un nom jusqu'alors inconnu, et subitement éclairé des rayons de la gloire le front mélancolique de Félicien David. *Le Désert* avait soulevé un enthousiasme qui se révélait en dithyrambes sans fin dans les journaux et dans les salons. Vatel, qui avait succédé à Dormoy dans la direction du Théâtre-Italien, vint offrir à David de faire entendre son œuvre à la salle Ventadour. Quoiqu'une fois et demie plus grande que la bonbonnière du Conservatoire, celle-ci se trouva être trop petite le dimanche soir 28 décembre. *Le Désert* ne suffisant pas à remplir la soirée, on avait composé la première partie du programme avec d'autres œuvres de Félicien David : la symphonie en *mi bémol*, *la Danse des astres* et *le Sommeil de Pâris*, chœurs, et les romances : *l'Oubli, le Chibouck, les Hirondelles.*

« La salle, dit Théophile Gautier (1), était radieuse, étincelante, étoilée d'yeux et de diamants, fleurie de bouquets monstres et de frais visages.... Et comme pour servir de garant à l'authenticité de la couleur locale de l'œuvre du jeune compositeur, voici qu'il arrive tout exprès du désert une bande de chefs arabes qui s'accoudent au balcon, manœuvrant avec une gaucherie toute enfantine les énormes lorgnettes dont leur a fait présent le gou-

---

(1) *Histoire de l'art dramatique en France*, 4ᵉ série.

vernement français. L'entrée de ces honnêtes Africains a fait
dans la salle une sensation impossible à décrire.

. . . .

» Le public est entré franchement en communication avec l'auteur à partir de la singulière mélodie du chibouck, accompagnée de triangles et de tambours, et l'enthousiasme a été au comble pendant toute la durée de la symphonie orientale, dont, chose inouïe, les exécutants ont été obligés de répéter presque entièrement la seconde et la troisième parties. La *Fantasia arabe*, la *Danse des almées* ont soulevé toute la salle, qui les eût volontiers fait jouer cinq ou six fois de suite, ne pouvant se rassasier de les entendre. L'*Hymne à la Nuit* est une des plus admirables mélodies qu'il soit donné à l'oreille humaine d'entendre, et à l'heure qu'il est tout Paris est plein de gens qui s'en vont murmurant d'une voix plus ou moins fausse, chacun selon ses moyens, le chant obsesseur :

Mon bien-aimé d'amour s'enivre.

» La voix énigmatique de M. Béfort, qui donne à pleine poitrine des notes déjà difficiles pour un homme en voix de fausset, prête un charme étrange à ce soupir éthéré.

» L'instant le plus curieux du concert a été sans contredit la prière du muezzin, dont les paroles mêmes sont arabes. Tous les yeux se sont tournés aussitôt vers les beaux fantômes blancs, qui, jusqu'alors, n'avaient pas donné signe de vie. — Aux premiers mots : *El salam alek ! Aleikoum el salam!* ils dressèrent l'oreille, comme un cheval de guerre au cri du clairon, et leurs faces brunes s'épanouirent. Ils suivaient le chant à demi-voix, et la prière du muezzin terminée, ils applaudirent avec des signes de satisfaction si évidente, que l'on fit recommencer M. Béfort exprès pour eux. »

Les strophes d'Auguste Collin furent déclamées par l'acteur Milon. Tilmant conduisait l'orchestre ; les chœurs étaient sous la direction de Tariot.

De grands virtuoses vinrent aussi vers cette époque se faire entendre au Théâtre-Ventadour; et tout Paris courut aux concerts de Sivori, de Liszt, de Mme Pleyel. Emile Prudent, suivant ces illustres exemples, donna aussi un concert au Théâtre-Italien, audace grande justifiée par le succès. Enfin, dans les premiers jours de mai 1844, Berlioz transportait sur la scène des Italiens l'orchestre du Conservatoire augmenté de quelques recrues qui portaient à cent sept le nombre des exécutants, et Liszt ne craignait pas de lutter avec cette phalange de virtuoses choisis parmi les meilleurs de Paris, en

1844 jouant sur le piano, immédiatement après l'orchestre, la scène du bal de la *Symphonie fantastique*. La grande fantaisie sur *Don Juan*, les *Rhapsodies hongroises* que l'éminent pianiste voulut faire connaître au public parisien, formaient avec ce morceau et le concerto de Weber sa contribution au programme. Mlle Zerr chanta trois morceaux en allemand ; — Berlioz fit entendre ses ouvertures des *Francs-Juges* et du *Carnaval romain*, et *Harold en Italie*, avec Urhan comme alto-solo.

1845 L'hiver suivant amena une troupe anglaise qui donna des représentations au Théâtre-Italien les jours d'Opéra. A la tête de cette troupe était le célèbre acteur Macready, qui avait quinze années auparavant joué à Paris avec miss Smithson. Cette fois, c'est miss Helen Faucitt qui lui donnait la réplique. Le succès de ces acteurs fut moins vif qu'il ne l'avait été sous la Restauration, alors qu'en pleine bataille romantique, ils étaient venus apporter avec eux la révélation du vrai Shakespeare, à peine entrevu jusque-là par le public français à travers les traductions de Voltaire et de Ducis. Un des épisodes les plus curieux de cette seconde campagne fut l'apparition de Mlle Plessy, de la Comédie-Française, dans *la Jeune Femme colère*, où elle joua en anglais le rôle principal.

Mais la musique italienne s'appauvrissait de plus en plus. Aucun des opéras nouveaux donnés à Ventadour, *la Vestale* de Mercadante (1), *Linda di Chamounix* (2), *Belisario* (3), *Maria di Rohan* (4) de Donizetti, *il Fantasma* (5) de Persiani, *Corrado d'Altamura* (6) de Frédéric Ricci, ne parvint à plaire au public. Le Théâtre-Italien était réduit à son vieux répertoire, que les abonnés savaient par cœur. C'est alors que la direction prêta l'oreille au bruit qui venait de l'autre côté des Alpes, apportant au milieu des acclamations le nom de Verdi, et le 23 octobre 1845, le jeune maestro faisait son début à Paris avec *Nabucodonosor*.

---

(1) Jouée le 23 décembre 1841.
(2) Ecrit à Vienne sur un livret imité de *la Grâce de Dieu*. Jouée à Paris le 17 novembre 1842, par Mario, Tamburini, Lablache père et fils, Mᵐᵉˢ Persiani, Marietta Brambilla.
(3) Joué le 24 octobre 1843, pour les débuts de la basse Fornasari.
(4) Joué le 20 novembre 1843 par Salvi, Ronconi, Mᵐᵉˢ Giulia Grisi et Marietta Brambilla.
(5) 14 décembre 1843.
(6) 15 mars 1844.

En Italie, le compositeur trouve pour se faire jouer des facilités bien plus grandes que chez nous. Mais à supposer que quelque rivalité ou une personnalité célèbre ait essayé de lui barrer le passage, il a du moins ce bonheur, une fois en face du public, de ne pas trouver de malveillance, de prévention, de parti-pris. Les dilettanti italiens sont toujours prêts à trouver beau ce qui est nouveau, et à applaudir le jeune compositeur, même ignorant et inexpérimenté. Il en est tout autrement en France. Ce n'est qu'à force de lutte, de travail, de patience que l'artiste parvient à s'imposer. Verdi devait subir cette loi d'autant plus durement que sa musique, encore empreinte de sa sauvagerie native, dérangeait toutes les habitudes reçues aux Bouffons.

« Pour nous, dit un critique très sûr de sa plume, avant d'entendre un opéra de Verdi, nous savions à quoi nous en tenir sur le genre de son mérite ; nous savions qu'il était entièrement dépourvu de ce qui fait les vrais dieux en musique, et cela par suite d'un raisonnement bien simple.

» Nous n'avons pas oublié la manière dont la révélation de Rossini s'était accomplie. Partout ses mélodies avaient devancé son nom. Un jour, dans un salon, nous entendîmes la cavatine de *Trancrède : Di tanti palpiti*, et nous demandâmes qui avait fait cela ? Tout le monde autour de nous l'ignorait encore. La cavatine de *la Pie voleuse* se chantait longtemps avant que l'ouvrage fût mis à la scène. D'autres cavatines, duos, trios, quatuors, tirés d'ouvrages qui n'ont jamais été joués à Paris, conquirent rapidement une popularité qu'ils n'ont jamais perdue.

» De Verdi, tout au rebours, le nom résonnait depuis quatre ans à nos oreilles, et pas une de ses mélodies n'avait franchi les monts, pas une de ses phrases ne nous avait été renvoyée par les échos..... »

— Cela ne prouve qu'une chose, pouvaient répondre les partisans du nouveau dieu. C'est que les mélodies de Verdi ne se détachent pas aisément de la partition où elles ont leur place et leur rang. Venues au monde pour exprimer une situation dramatique, elles font corps avec cette situation. Verdi est un musicien de théâtre et non de concert. C'est donc à la scène qu'il faut l'entendre et le juger.

L'auteur de *Nabuco* eut la chance de voir son premier ouvrage joué à Paris dans d'excellentes conditions. Teresina Brambilla, chargée du rôle principal, possédait justement les

1845 qualités de la musique qu'elle avait à interpréter : l'entrain, le feu, la jeunesse, l'imprévu, la verve dramatique. Ronconi fu très beau dans le rôle du roi, et sa scène de folie excita l'enthousiasme. Le ténor Corelli avait à cette époque l'oreille du public de Ventadour ; la basse était Prosper Derivis, alors voué à la carrière italienne, qu'il ne devait pas continuer longtemps.

Une œuvre comme *Nabuco*, présentée par cet excellent ensemble, devait réussir. Quelques amateurs épris des délicatesses classiques protestèrent bien contre les violences du style et l'abus des sonorités ; un bel esprit à la façon du dernier siècle se plaignit, prétendant qu'il y avait dans cette affaire tromperie sur la qualité de la marchandise, et fit ce quatrain :

> Vraiment l'affiche est dans son tort ;
> En faux l'on devrait la poursuivre.
> Pourquoi donc annoncer *Nabuchodonos*OR,
> Quand c'est *Nabuchodonos*CUIVRE ?

Mais la masse du public bissait le septuor du premier acte, le duo du second, applaudissait la marche funèbre. Aussi la direction n'hésita pas à monter aussitôt un second opéra du maître, et le 6 janvier 1846, elle donna *il Proscritto*.

Il Proscritto n'était autre chose que l'*Ernani* composé en 1844 pour la Fenice de Venise et que l'Italie tout entière avait aussitôt acclamé. Jamais peut-être on ne vit succès plus éclatant. Sur les quatre-vingt-dix théâtres que comptait alors la Péninsule, soixante avaient ouvert la saison du carnaval de 1845 avec *Ernani*. De là, l'enthousiasme avait rayonné sur l'Europe. Londres applaudissait la nouvelle partition ; à Madrid elle était jouée le même soir sur trois théâtre ; Berlin seul paraissait réfractaire à l'admiration. A Paris, *Ernani* rencontra des difficultés de toute sorte, et l'on ut un instant craindre pour le succès.

D'abord, Victor Hugo s'opposa à ce que son drame fût joué en italien et avec la musique de Verdi. On dut travestir le poème, faire d'Hernani un corsaire de Venise, de Charles-Quint un sénateur ; don Ruy Gomez de Silva fut changé en un Zeno quelconque et le vieillard stupide en un père dénaturé, car doña Sol sous les traits d'Elvire n'était plus sa nièce, mais sa fille. Tout cela ne pouvait avoir d'autre résultat que de gêner l'esprit du spectateur. *Il Proscritto* annoncé pour le mardi 6 janvier, il se trouva que ce même jour l'Odéon donnait la première représentation du *Diogène* de Félix Pyat. De plus, il y avait fête chez les Rothschild, et M. Guizot recevait au ministère des affaires étrangères. Le public des grandes soirées de Ventadour se trouvait donc disséminé aux quatre coins de Paris. Un vent de malheur avait aussi soufflé sur la scène : le ténor Malvezzi, malade, fut obligé de réclamer l'indulgence, et Ronconi, qui croyait avoir à se venger du maestro, fredonna son rôle plutôt qu'il ne le chanta ; Derivis et Teresina Brambilla mirent au contraire dans l'interprétation de leurs rôles une bonne volonté qui leur fit plus d'une fois dépasser les bornes.

N'importe, il était écrit qu'*Ernani* réussirait ; il fut porté *alle stelle*. Les quelques voix qui s'élevaient pour protester contre un talent parfois vulgaire et trop exclusivement porté, suivant certains critiques et certaine esthétique, à la vigueur et à la force, se perdirent au milieu des acclamations qui accueillaient la cavatine de la prima donna, l'air du baryton, le chœur des conjurés, le trio, et surtout la magnifique explosion du grand finale du premier acte.

Une troisième partition de Verdi était alors célèbre à l'étranger : le musicien piémontais était appelé l'auteur de *Nabuco*, d'*Ernani* et d'*I Lombardi*. *I Lombardi alla prima crociata* passèrent par la traduction française et prirent le chemin de l'Opéra, où ils furent joués, comme on sait, sous le titre de *Jérusalem*. La direction du Théâtre-Italien, désirant poursuivre la veine de ses succès verdistes, s'empara de la dernière partition du maître : *I due Foscari*, représentée à Florence en février 1845. Cette nouvelle œuvre parut chez nous le 17 décembre 1846, jouée avec le plus grand éclat par Mlle Grisi, Mario et Coletti, baryton qui paraissait créé et mis au monde pour chanter les opéras de la nouvelle manière italienne. La révolution apparaissait déjà complète et sans qu'on pût prévoir un retour en arrière : le chant des Rubini était perdu. E.-J. Delécluze, chargé de rendre compte des représentations du Théâtre-Italien dans le *Journal des Débats*, le déplore amèrement :

Les Deux Foscari, dit-il, sont l'ouvrage d'un homme d'un talent très distingué, comme l'avait déjà fait juger le *Nabuco* et même *Il Proscritto*, malgré l'extinction de voix de Ronconi pendant toutes

1845 les représentations de cette pièce. Cependant, dans ces trois compositions, il y a un défaut capital qui a frappé et choquera toujours ceux qui ont un sentiment délicat de la musique vocale : l'orchestre domine presque toujours les voix.

Je ne crains pas de dire que les compositeurs italiens qui font de la prétendue musique *dramatique* depuis six ou huit ans sont dans une voie absolument fausse, et d'autant plus dangereuse qu'elle mène droit à la perte de l'art du chant italien et à la ruine des gosiers les plus vigoureusement organisés.

Je dois dire toute la vérité : chose qui n'était point arrivée avant 1844, on *crie* maintenant, et beaucoup trop souvent, au Théâtre-Italien de Paris. Or, sur qui doit-on rejeter cette faute ? Les coupables ne sont certainement pas les chanteurs, qui ont un double intérêt à conserver la pureté de leur art et à ménager leur voix. D'ailleurs, toutes les fois qu'ils exécutent des opéras de Cimarosa, de Mozart et de Rossini, ou les ouvrages comiques de Donizetti, ils ne dépassent jamais les limites de l'art du chant. Quand ils crient, c'est donc que le compositeur les y force.... on ne peut faire autrement que de recourir à ce moyen extrême dans certains passages des opéras de M. Verdi, et entre autres dans ce quatuor de malédiction où Mme Grisi, Mario et Coletti chantent à l'unisson en menaçant le personnage de Loredano.

1846 Est-ce pour avoir un chanteur à l'abri du fléau, pur de la contagion, que la direction du Théâtre-Italien enleva Gardoni à l'Opéra, en payant le dédit de l'artiste, fixé à la somme énorme de cinquante mille francs ? De même que Mario était le reflet de Rubini, Italo Gardoni faisait l'effet du clair de lune de Mario. Vocaliste agréable, avec une voix gutturale et un peu blanche, il se montra chanteur de goût. Depuis cette année 1846 jusqu'à la mort du Théâtre-Italien, il a toujours brillé au second rang, estimé et applaudi.

Les débuts de Gardoni dans différents rôles du répertoire, un malencontreux opéra de Pacini, *la Fidanzata Corsa*, qui n'eut d'autre succès, malgré l'excellence de l'interprétation, que de provoquer des manifestations inconnues jusqu'alors dans ce théâtre de bonne compagnie, tels furent les seuls événements de la saison 1846-47.

Les chanteurs italiens partis à la fin de mars, une troupe espagnole qui réunissait divers éléments dramatiques, lyriques et chorégraphiques, mais tous médiocres, vint pendant un mois environ occuper la salle Ventadour. Au mois de mai, nous avons à noter une représentation extraordinaire où Rachel, qui alors, malgré sa jeunesse, essayait son magnifique

talent dans les rôles de mère, joua l'Agrippine de *Britannicus*. 1846
Ponchard y parut pour chanter deux romances avec l'excellence
reconnue de sa méthode. La petite Dinah Félix, qui jouait
l'Éliacin à la Comédie-Française quand sa sœur aînée jouait
Athalie, récita des fables, et le spectacle se termina par *Indiana
et Charlemagne*, où Levassor et Mlle Scriwaneck luttaient de
verve et de folie. Notons aussi le concert d'adieu de Mme
Damoreau, donné l'année précédente, et nous aurons à peu
près complété la liste des faits artistiques qui se produisirent vers cette époque à Ventadour.

Le Théâtre-Italien se traînait dans l'ornière de la banalité.
La saison suivante commença sous les plus tristes auspices.
Elle s'ouvrit par une mauvaise représentation de *Don Giovanni*,
où l'on s'aperçut que Mme Persiani n'était plus de la première
jeunesse, que la rotondité de Lablache devenait excessive,
que Coletti était médiocre, que Mario et Mlle Grisi ne
se donnaient pas la peine de chanter et se souciaient assez
peu, en somme, de la perfection d'ensemble qu'exige impé-
rieusement l'exécution du chef-d'œuvre de Mozart. Il fallait
rajeunir la troupe, et infuser un sang nouveau à une institution qui mourait d'anémie. Heureusement les circonstances
y pourvurent.

Au printemps de 1847, deux étoiles brillaient au firmament 1847
londonien, l'une dans la région de Her Majesty's Theatre, l'autre
dans celle de Covent-Garden. La première avait nom Jenny
Lind; son éclat était incomparable, mais elle était déjà connue; la
seconde nommée Alboni, se présenta modestement, n'ayant
encore chanté que dans son pays et sur quelques théâtres
secondaires d'Allemagne. Et aussitôt il ne fut bruit dans les
cercles artistiques que de ce phénomène, effort de la nature
que l'art avait amené au dernier point de perfection.

Née dans la Romagne, d'une famille distinguée, fille d'un
capitaine de l'armée italienne, Marietta Alboni révéla de très
bonne heure les plus rares aptitudes musicales. A l'âge de
onze ans elle lisait à livre ouvert le morceau de chant le
plus difficile. Un jour — elle avait quinze ans — elle va à
Bologne et se fait entendre à Rossini, alors directeur, nous
l'avons vu, du Conservatoire de cette ville. L'illustre compositeur admira les solides qualités de la jeune artiste; mais
ses études de chant étaient à recommencer, dit-il, et il s'offrait
à les diriger lui-même. Pendant plusieurs années, sous l'inspiration du maëstro, l'Alboni travailla à assouplir l'étonnant

1847 organe dont la nature l'avait douée. Quand il la jugea prête, son maître la produisit sur le théâtre municipal de Bologne, puis la fit engager à la Scala de Milan, d'où elle s'envola l'année suivante pour voyager en Allemagne et en Hongrie.

De nos jours, des études longuement et patiemment suivies comme celles-là ne sont plus de mode. A peine un conservatoire a-t-il accueilli un élève doué d'une jolie voix, les théâtres jettent leur dévolu sur le futur artiste. Des engagements superbes lui sont offerts ; il se hâte de terminer ses études, emporte d'assaut un ou deux prix, et escalade les planches de la scène qui l'a réclamé. Que de chutes inexpliquées sont le résultat de ces éducations hâtives, et combien de jeunes avenirs a déjà dévoré dans la fleur cet insatiable minotaure qui s'appelle le public ! L'Alboni avait une voix extraordinairement puissante et extraordinairement étendue : elle parcourait près de trois octaves, allant du *mi* au-dessous des lignes à l'*ut* suraigu. Des sons de poitrine généreux, amples, superbes, des notes de tête d'une rondeur magnifique sortaient de ce gosier, sans que jamais l'auditeur pût être choqué par le passage d'un registre à l'autre. Malgré son jeune âge, l'Alboni était d'une complexion puissante ; quand elle parut dans la *Cenerentola,* le public n'eut pas de peine à voir en elle « le colossal enfant de ce titanique Lablache ». Elle annonçait déjà cette opulence de formes qui devait plus tard la faire ressembler à la tour d'ivoire dont parle la Bible. L'avantage de cette organisation herculéenne, c'est que jamais l'Alboni ne parut faire un effort pour chanter. Quels que fussent les traits qu'elle avait à exécuter, quelque volume de son qu'elle fournît, sa face était toujours tranquille et souriante. Sa physionomie respirait la franchise et la bonté ; et lorsque par cette heureuse bouche la musique s'épanchait comme un fleuve, je ne sais quel courant magnétique se répandait par la salle et enveloppait l'auditeur d'une atmosphère de bien-être, lui apportant une singulière sensation de plaisir tranquille et sûr.

A l'époque de ses débuts, l'Alboni était vouée aux rôles d'hommes : on n'avait pas encore, à l'usage des contralti, créé les emplois de bohémienne et de sorcière. Elle portait les cheveux à la Titus et à la ville aimait assez, disait-on, conserver le costume masculin. Quelquefois, au temps où elle était tout à fait inconnue, elle allait ainsi vêtue rendre visite aux directeurs de théâtre et leur faire des offres, se donnant pour son propre frère. Des histoires plus bizarres circulaient : on racontait que la jeune cantatrice passait ses vacances, tantôt à ramer sur un lac italien, à se baigner dans les fleuves, tantôt à deviser en fumant avec des étudiants allemands dans les brasseries de Heidelberg ou la cave d'Auerbach. Tous les ans, elle disparaissait pendant un ou deux mois, vivant de la vie la plus obscure, libre au moins des liens qui enserrent l'homme ou la femme célèbres et en font les esclaves du public. Elle ne voulut jamais signer un engagement ; mais sa parole donnée, elle n'y manqua jamais et se présenta toujours à l'heure dite, prête à remplir ses promesses. Ce qu'il y a de sûr, c'est que le cœur de cette femme égalait son talent, et qu'elle s'ingéniait à secourir les infortunes avec une noble discrétion.

Duponchel et Nestor Roqueplan venaient d'être nommés directeurs de l'Opéra. Désireux de fixer à leur ciel des astres de première grandeur, ils traversèrent le détroit pour aller trouver les deux cantatrices qui avaient fanatisé le public anglais, mettant à leurs pieds des trésors. Jenny Lind refusa toutes les offres. L'Alboni se montra moins grande dame, et le samedi 9 octobre, l'Académie de musique la produisait dans un concert.

Ce concert fut suivi de trois autres, dans lesquels Mlle Alboni chanta la cavatine et le duo de *Semiramide*, un air de *l'Italiana in Algieri*, le duo du *Barbiere di Siviglia* et le brindisi de *Lucrezia Borgia*. Puis, la diva partit pour Pesth, non sans avoir promis à Vatel de revenir chanter au Théâtre-Italien. Comme Mario, comme Gardoni, Marietta Alboni paraissait aux Bouffons après s'être fait d'abord applaudir à l'Opéra.

Elle débuta dans *Semiramide* à côté de Giulia Grisi, et les deux virtuoses eurent part égale de bouquets et d'applaudissements. Puis elle joua *Cenerentola* avec un succès croissant ; enfin on reprit pour elle *la Donna del Lago*, où la perfection de sa méthode et le charme de sa voix triomphèrent des souvenirs laissés par la Pisaroni.

A côté de la grande cantatrice italienne débutait à Ventadour une jeune Française qui formait avec elle un parfait contraste. Elève de notre Conservatoire où elle avait reçu les leçons de Panseron et de Mme Damoreau, Mlle Castellan était un soprano léger et très flexible qui, sur les scènes étrangères, avait cherché et trouvé le succès dans l'expression des sentiments pathétiques. Aussi svelte que l'Alboni était

1847 massive, elle était curieuse de l'effet scénique autant que son illustre camarade en était négligente ; elle composait ses rôles avec beaucoup de soin, et obtint dans *Lucia* un succès des plus honorables.

1848 La saison se continua peu accidentée jusqu'au 31 mars 1848; la révolution de février n'y apporta pas un sensible dommage. Cependant l'époque paraissait peu propice à un théâtre aussi aristocratique que l'était celui de Ventadour, et Vatel chercha à se défaire de son privilège. M. Henri Dupin, le vénérable doyen de nos auteurs dramatiques, s'en rendit acquéreur.

Le nouveau directeur eut l'idée singulière de vouloir démocratiser le Théâtre-Italien. Peut-être avait-il quelque chance de reformer son cercle d'abonnés en faisant le contraire. Un théâtre cher, où l'on eût entendu, au milieu de chanteurs excellents, quelque phénomène, une étoile inconnue, — Jenny Lind par exemple, — eût pu voir accourir la foule des gens riches et devenir le lieu de réunion à la mode. M. Dupin crut attirer de nouvelles couches de dilettanti en baissant le prix des places. Malheureusement, si le spectacle coûta moins cher, il fut aussi moins bon. La troupe engagée par M. Dupin n'apportait aucun élément nouveau de quelque valeur. Pourtant ce fut sous ses auspices que débuta une cantatrice qui devait en quelques années parvenir aux plus hauts sommets de l'art. Dans cet amas de notes qu'il intitule *Histoire de l'Opéra Italien*, Castil-Blaze mentionne, en 1855, une reprise de *Matilda di Sabran* avec cette simple ligne de commentaire : « Mme Bosio, cantatrice admirable ». Vers la même époque, Hector Berlioz écrivait à propos de la même personne le billet suivant, dont nous devons communication à l'obligeance de M. Vladimir Stassof, de Saint-Pétersbourg, et qui nous paraît éloquent dans son laconique enthousiasme :

Au comte Michel Wielhorsky.

Paris, le 15 septembre 1855.

Monsieur le comte,

Permettez-moi de vous présenter M. et Madame Xindavellonis. Madame Xindavellonis, dont le nom d'artiste (Mme Bosio) vous est bien connu, est une cantatrice incomparable, qui réunit la grâce à la verve, la légèreté au style expressif. Vous en serez tous ravis à Saint-Pétersbourg comme nous le sommes à Paris (1). **1848**

Votre tout dévoué,

H. BERLIOZ.

Mais en 1848, Angiolina Bosio n'avait pas encore acquis le talent qu'elle montra par la suite : la critique du temps est loin de se montrer aussi élogieuse à son égard. Les feuilletonistes ne cessent de regretter Giulia Grisi, la Brambilla, Mario ; Mmes Persiani et Castellan, Ronconi, Bordas et Lablache lui-même ne suffisent pas à éveiller leur enthousiasme.

Quant au renouvellement du répertoire, M. Dupin recourut à un procédé bizarre. Ayant découvert dans les cartons du théâtre une vieille partition de Rossini, *Il Viaggio a Reims, ossia l'Albergo del Giglio d'oro,* qui, après avoir, comme on sait, servi à célébrer le sacre de Charles X, avait déjà fourni à l'Opéra une notable partie du *Comte Ory,* le directeur, vaudevilliste obstiné, impénitent, imagina une sorte d'à-propos en deux actes pour remettre cet ouvrage à la scène. La pièce, traduite par Balocchi, s'intitula : *Andremo noi a Parigi?* et fut jouée le 26 octobre 1848. Elle roulait sur les terreurs comiques d'un groupe de bourgeois parisiens en villégiature à Plombières, et qui, lisant dans les journaux le récit fantastique des troubles et des horreurs qui, d'après ces feuilles, désolaient la capitale en cette année de suffrage universel, se demandaient avec anxiété s'ils pouvaient regagner leurs foyers et s'ils reverraient jamais la porte Saint-Denis. Un tel sujet sur la scène des Italiens déroutait absolument les habitudes du public; aussi fut-il peu goûté. Ronconi, bizarrement costumé, *l'Estafette* sans cesse à la main, parut drôle. Quant à la musique, tout le monde sait que ce qu'il y a de meilleur dans cette charmante comédie du *Comte Ory* n'est pas

---

(1) La prédiction de Berlioz se réalisa, mais ce voyage ne devait pas porter bonheur à Mme Bosio. Engagée dans de belles conditions, accueillie avec enthousiasme, la jeune artiste chanta trois années de suite en Russie. Elle mourut le 31 mars-12 avril 1859, après quelques jours de maladie, victime, à trente ans, du climat meurtrier de Pétersbourg. Plus de deux mille personnes suivirent son convoi funèbre.

1848 ce qui y est resté de la partition de 1825, et que le duo, les chœurs, le trio et le finale ajoutés par Rossini pour l'Académie de musique en sont les parties les plus heureuses. Réduite à sa forme primitive, l'œuvre qu'on avait prétendu rajeunir se trouva avoir singulièrement vieilli. Le morceau le plus applaudi fut un duo de *Maria Padilla*, intercalé au second acte et admirablement chanté par Mmes Persiani et Castellan.

Le Théâtre-Italien ne pouvait se soutenir. La location qui, aux saisons précédentes, était de quatre cent mille francs, avait à peine atteint cette année le chiffre de trente mille; quant aux recettes, elles se tenaient à une moyenne de cinq cents francs par soirée, soit environ six mille francs par mois. Le directeur fit de vaines démarches pour obtenir du ministère une subvention que justifiait trop le triste état de la caisse du théâtre; quand il eut perdu tout espoir de ce côté, il ferma.

1849 Ronconi demanda et obtint de lui succéder. Il adjoignit à sa troupe Lablache et l'Alboni. C'était le temps où Rachel faisait acclamer *la Marseillaise*, chaque soir, au Théâtre-Français, et où les chants patriotiques avaient repris quelques mois de vogue sur les diverses scènes parisiennes. Mme Alboni prit l'habitude de venir dans les entr'actes chanter — en français — les couplets de *la Fille du régiment*.

Une série de représentations extraordinaires dans lesquelles on applaudit le talent de Teresa Milanollo, la célèbre violoniste; la continuation des débuts de Mlle de Méric, que la direction précédente avait fait connaître; quelques reprises sans importance, — voilà ce qu'on trouve à l'actif de cette période troublée. C'est pendant les vacances du Théâtre-Italien qu'il faut chercher des événements plus importants : représentation de retraite de Mlle Georges, avec le concours de Rachel et de Mme Viardot, exécution du *Sélam* et de *la Rédemption*.

1850 La révélation de la musique orientale par *le Désert* était trop récente, elle avait eu un retentissement trop éclatant pour que *le Sélam* pût obtenir un très grand succès. Évidemment la préoccupation de M. Ernest Reyer, en écrivant sa symphonie descriptive, avait été de se montrer plus vrai que Félicien David. Mais le vrai absolu n'est jamais le mieux apprécié au théâtre : c'est bien plutôt une vérité conventionnelle, qui se trouve plus à portée du public, mais qui aussi a chance de contenir quelque part d'erreur. La poésie du

Sélam fut écrite, sur la demande du musicien, par Théophile Gautier. L'œuvre fut exécutée le 5 avril; elle comprenait quatre parties, avec solos et chœurs. On s'accorda à louer la finesse de l'instrumentation, le charme et la grâce des dessins mélodiques. Ces éloges, doux au cœur de l'artiste, firent-ils oublier au jeune compositeur les peines sans nombre que lui avait coûtées l'organisation de sa soirée? Il avait annoncé comme solistes Alexis Dupont, Baroilhet, Mme Elvina Froger. Tous trois lui manquèrent; il dut les remplacer par MM. Barbot, Bussine et Mlle Douvry qui, d'ailleurs, remplirent leur tâche en artistes.

A huit jours de distance, *le Sélam* était suivi de *la Rédemption*, mystère en cinq parties, poème d'Émile Deschamps et Émilien Pacini, musique de M. Giulio Alary, exécuté le 14 avril 1850 par Barbot, Bussine, Arnoldi, Charles Ponchard, Mmes de Rupplin, Douvry, Seguin.

Plus généreuse que la monarchie de juillet, l'Assemblée législative vota pour le Théâtre-Italien une subvention de soixante mille francs. C'était beaucoup pour le budget d'une république démocratique qui avait bien d'autres services plus essentiels à assurer; c'était peu pour les dettes que Ronconi avait dû contracter dans le cours de deux saisons désastreuses. Une demande en déclaration de faillite ayant eu lieu, le ministre crut devoir mettre le privilège et la subvention en de plus sûres mains, et un arrêté fut pris dont voici les termes :

Vu les arrêtés ministériels des 22 août 1849 et 1er juin 1850, par lesquels le sieur Ronconi a été autorisé à exercer les fonctions de directeur du Théâtre-Italien jusqu'au 1er octobre 1855 ;

Vu l'avis de la commission des théâtres, en date du 27 septembre courant ;

Considérant que, malgré ses louables efforts, le sieur Ronconi se trouve notoirement, et par des circonstances indépendantes de sa volonté, dans une situation financière qui ne permet pas d'espérer une exploitation du théâtre qui soit en rapport avec la subvention accordée par l'Etat à ce théâtre;

Qu'il y a urgence, dès lors, aussi bien dans l'intérêt de l'art que dans l'intérêt public, de prendre les mesures nécessaires pour assurer l'ouverture de ce théâtre au commencement de la saison prochaine,

Arrête :

Les arrêtés ministériels des 22 avril 1849 et 1er juin 1850 sont rapportés.

1850 Le sieur Ronconi cessera ses fonctions de directeur du Théâtre-Italien à partir de ce jour.

Signé : BAROCHE.

Un autre arrêté nommait à la direction l'impresario du Her Majesty's Theatre, Lumley, spéculateur hardi et, disait-on, habile. La chance favorisa le nouvel arrivant. Mme Sontag, éprouvée par des revers de fortune, reprenait la carrière du chant, et venait de se faire entendre avec le plus grand succès dans un concert du Conservatoire. Lumley l'engagea aussitôt, et le théâtre ouvrit le 9 novembre par une représentation de *la Sonnambula*, avec la célèbre cantatrice dans le principal rôle.

Ce fut comme une résurrection : la Sontag paraissait aussi jeune qu'autrefois, et sa voix d'une qualité exquise, d'une flexibilité sans égale, n'avait rien perdu de son timbre et de sa fraîcheur.

Bientôt, nouvelle surprise pour les Parisiens : *la Figlia del reggimento*, qu'ils n'avaient jamais entendue qu'en français et à l'Opéra-Comique, fut chantée par Mme Sontag avec une prodigieuse virtuosité. Lablache rentra aussi au Théâtre-Italien et on lui fit fête dans *Norma*.

1851 Mais une soirée plus piquante et plus touchante à la fois fut celle du début de Caroline Duprez, que son père accompagnait et présentait lui-même dans *Lucia di Lammermoor*. L'illustre ténor se souvint qu'en 1835, à Naples, il avait créé le rôle d'Edgardo, écrit pour lui ; ce rôle qu'il avait transporté avec tant d'éclat sur la scène de l'Opéra, il voulut le chanter encore au Théâtre-Italien de Paris, pour donner la réplique à sa fille, — sa fille qu'il avait tant de raisons d'aimer, car elle devait lui faire le plus grand honneur en tant qu'élève, et ajouter, s'il était possible, à la gloire de son nom.

Mlle Duprez, avec sa jeune voix guidée par une organisation exceptionnelle et un talent qui n'avait déjà plus rien à apprendre, parut une idéale Lucia. Naïve et pathétique dans les scènes de tendresse, elle déployait dans l'acte de la folie une vocalisation sûre, hardie, qui n'altérait en rien la pureté du style.

Les débuts du ténor anglais Sims Reeves et de quelques étoiles éteintes avant d'avoir brillé, aidèrent le Théâtre-Italien à traverser sa saison, en attendant celui plus important de Sophie Cruwell. Nées en Prusse, filles d'un pasteur protestant, les deux sœurs Cruwell étaient venues à Paris pour étudier le chant sous la direction de Bordogni. L'aînée, après avoir chanté dans quelques concerts et passé deux ou trois années en Italie, parut à Ventadour dans les premiers jours d'avril 1851, sous le nom de Cruvelli. C'était une voix d'une espèce rare, qui parcourait presque toute l'échelle du soprano et du contralto et passait avec facilité des extrémités aiguës aux extrémités profondes, où elle faisait entendre des sons d'une rondeur et d'une plénitude admirables. Mlle Cruvelli avait pour elle la beauté de la taille, du col, des épaules et des bras, avec cela une physionomie expressive, un accent dramatique juste et puissant. Un succès mérité l'accueillit dans *Ernani*.

Une curiosité assez exotique avait été offerte, quelques jours auparavant, au public de Ventadour. C'est un concert où Bériot faisait entendre trois de ses élèves, deux Hollandais et un Anglais, Tenhaven, Schruers et Standish, lauréats du Conservatoire de Bruxelles, et qui jouaient à l'unisson, avec un ensemble d'une fantastique précision, des concertos et autres morceaux difficiles. Le pianiste Gottschalk prêtait son concours à ces bizarres phénomènes. Il faut noter enfin la réapparition du ténor russe Ivanof, dont nous avons raconté ailleurs (1) les débuts, et qui est mort récemment à Bologne.

Rien de plus cosmopolite, on le voit, que le Théâtre-Italien sous la direction de Lumley. On y joua même des auteurs français : Scribe et Halévy. *La Tempesta*, écrite pour Her Majesty's Theatre, nous revint de Londres et fut donnée le 25 février. La muse mélancolique, sentimentale et quelque peu terre à terre d'Halévy était, ce semble, la dernière à invoquer pour traduire la vive et légère fantaisie du poème de Shakespeare. Malgré le travail bizarre par lequel Scribe chercha à approprier ce poème aux aptitudes de son collaborateur et en même temps au goût du public français, qui aime les pièces charpentées et l'imprévu, malgré Mlles Sontag et Ida Bertrand, Gardoni, Colini et Lablache, monstrueusement magnifique dans le personnage de Caliban, malgré le zèle de

---

(1) *Michel Ivanovitch Glinka,* d'après ses *Mémoires* et sa correspondance. — Paris, au *Ménestrel,* Heugel et fils, éd.

1851 Mlle Rosati (Ariel), qui, tombée dans une trappe au premier acte et blessée, voulut quand même remplir son rôle et dansa toute la soirée, *la Tempesta* n'obtint qu'un succès d'estime.

Le Tre Nozze, trois actes bouffes de Giulio Alary, chantés par Sontag, Ida Bertrand, Gardoni, Giuliani, Ferranti, Lablache, eurent encore moins de bonheur.

1852 Au mois d'octobre 1851, Georges Bousquet cédait la place de chef d'orchestre à M, Ferdinand Hiller, qui prenait Charles Eckert pour second. C'était l'Allemagne plantant son drapeau au Théâtre-Italien : aussi *Fidelio* ne tarda-t-il pas à faire une seconde apparition sur la scène de Ventadour. Elle eut lieu le 31 janvier 1852 : Sophie Cruvelli remplissait le principal rôle : elle avait pour partenaires le ténor Calzolari dans le rôle de Florestan, Belletti (Pizarro), Mlle Corbari (Marcellina), Susini (Rocco). Les oreilles des *dilettanti* n'étaient pas encore assez préparées à la riche harmonie, à l'admirable instrumentation du maître des maîtres pour que le succès fût digne de l'œuvre. *Fidelio* n'eut qu'un petit nombre de représentations.

Il n'y a plus guère à noter dans l'histoire de la direction Lumley que les débuts de Mme Barbieri-Nini, de Guasco, de Ghislandoni, qui ne firent que passer sur la scène Ventadour, de Graziani, qui, au contraire, y resta et y rendit de longs services. Au commencement de la saison 1852–53, Corti succédait à Lumley sans qu'il y eût grand'chose de changé au théâtre, sauf peut-être le chef d'orchestre : Castagneri succédait à F. Hiller dans cette importante fonction. Le répertoire, du 16 novembre au 18 mai, roula sur treize opéras : *Otello*, *Semiramide*, *il Barbiere*, *Norma*, *la Sonnambula*, *I Puritani*, *l'Elisir d'amore*, *Lucia di Lammermoor*, *Linda di Chamounix*, *Luisa Miller*, *il Proscritto*, *il Bravo*, *Don Giovanni*, plus le prologue d'*Attila*. On voit, en comparant cette liste avec celle que nous avons donnée pour l'année 1841, que la série d'exercices ne variait guère au Théâtre-Italien. Les nouveautés dues à la direction Corti sont *Luisa Miller*, *il Bravo* et le prologue d'*Attila*.

Le sujet de *Luisa Miller* est pris dans un drame bourgeois de Schiller, *Amour et Intrigue* (Kabale und Liebe). C'en était assez pour que les critiques affirmassent que, dans cet opéra, Verdi avait modifié sa manière et adopté les formes et le style de la musique allemande. Il est bien vrai qu'il y avait un changement dans les procédés du maître : son harmonie était plus nourrie, son instrumentation montrait une plus 1852 grande recherche du caractère. Mais c'est bien plutôt à l'école française que Verdi empruntait ces qualités de vérité et d'expression, tout en faisant voir en plus d'un endroit qu'il n'avait rien perdu de sa sève mélodique et de la chaleur du sang italien. *Luisa Miller* fut jouée le 7 décembre 1852 par Mmes Cruvelli et Nantier-Didiée, le ténor Bettini et la basse Susini. Le morceau le plus applaudi fut le quatuor sans accompagnement du second acte.

Le Théâtre-Italien était devenu théâtre impérial. Sous le régime nouvellement installé, un spectacle qui répondait si bien aux traditions monarchiques et que Napoléon Ier avait particulièrement affectionné, était assuré des encouragements officiels : la subvention fut portée à cent mille francs. La mise en scène de *Luisa Miller* se ressentit du désir qu'avait la direction de mériter de telles faveurs. Les costumes étaient neufs, chose rare à Ventadour, et les décors furent remarqués.

Il Bravo de Mercadante, œuvre distinguée d'un talent à qui 1853 il n'a manqué que l'étincelle de la fantaisie, obtint un succès médiocre. Le principal rôle était tenu par Mme Anna de Lagrange, qui, sur cette scène, où elle s'était produite d'abord en qualité d'amateur, revenait avec la pleine puissance de la voix et du talent. Elle avait brillamment débuté dans *le Barbier*, à côté d'une basse, Napoleone Rossi, voué sur la fin de sa carrière à la musique bouffe, rééditant le mot connu : *Giovane piansi : or vecchio vo' ridere.*

Les magnificences du chant de Mme de Lagrange, les applaudissements qu'elle recueillait chaque soir, piquèrent au jeu la Cruvelli, qui ne pouvait se laisser reléguer au second rang. Elle voulut frapper un grand coup, et demanda à chanter le prologue d'*Attila*. Elle y paraissait dans le rôle d'Odabella, le front ceint du casque gaulois, une large framée à la main, bravant le chef des Huns, les yeux étincelants d'une patriotique colère, qu'exprimaient des mélodies à l'emporte-pièce soutenues par une instrumentation sauvagement cuivrée. Trois représentations eurent lieu ; la première à l'occasion d'une fête organisée pour une institution de charité par M. de Lesseps, la seconde pour la clôture de la saison italienne, la troisième au bénéfice de Rossi. Dans ces trois soirées, Mlle Cruvelli fanatisa son auditoire.

Quelques jours après, la salle Ventadour se rouvrait pour

une représentation véritablement extraordinaire. Elle était donnée au bénéfice d'une artiste africaine que l'affiche désignait sous cette appellation modeste : *la Malibran noire*, et qui avait nom Maria Martinez. La nouvelle Malibran, prise d'un enrouement subit, ne put chanter et se mit à danser, avec Mme Guy Stéphan, un pas d'une folle excentricité qui mit le public en belle humeur. Comment cette singulière artiste s'était-elle attiré la sympathie des plus hautes célébrités parisiennes ? Mystère : mais Mmes de Lagrange, Laborde, Ernesta Grisi, chantèrent à son bénéfice ; le violoncelliste Samary et M. Tito Mattei, alors âgé de douze ans et pianiste prodige, s'y firent entendre ; Massot y dansa. Enfin on y vit représenter un petit drame d'Augustine Brohan, joué par l'auteur, Mlle Favart, Delaunay, Mirecour, Rey, Guichard et Castel ; en écoutant *Quitte ou double*, les spectateurs, en vérité, pouvaient se croire dans la maison de Molière. Le prix des places était fort élevé ; la recette dut être belle, mais ne fit pas la fortune de la Malibran noire. Quelque temps après, la guitare sur laquelle elle avait coutume de s'accompagner les jours où elle ne faisait pas concurrence à Mlle Taglioni, était saisie par un huissier sans entrailles. La pauvre artiste fut obligée de s'adresser au tribunal, qui lui rendit sa guitare, déclarée insaisissable comme instrument de travail.

Le 4 juin, première et dernière représentation de *Maravilla*, drame lyrique espagnol en trois actes, paroles et musique du guitariste José Ciebra. Le 26 du même mois, Ventadour offrait une généreuse hospitalité au théâtre qui le premier l'avait habité, à l'Opéra-Comique. La salle Favart était en réparations ; l'Opéra était justement fermé pour la même cause, et Paris se trouvait absolument privé de théâtre lyrique. M. Émile Perrin voulut abréger ce rhamadan musical, et pendant huit jours vint avec sa troupe occuper la scène du Théâtre-Italien. Voici les spectacles qui furent donnés pendant cette courte campagne :

Dimanche 26 juin : *l'Ombre d'Argentine* (1 acte de Montfort), *l'Épreuve villageoise*, *les Noces de Jeannette* ;
Lundi 27 : *Les Deux Jaket*, musique de J. Cadaux (1 a.), *l'Ambassadrice*, *les Rendez-vous bourgeois* ;
Mardi 28 : même spectacle que l'avant-veille ;
Mercredi 29 : *le Père Gaillard*, *le Sourd* ;
Jeudi 30, relâche ;

Vendredi 1er juillet : *les Mousquetaires de la Reine*, avec celle qui s'appelait alors Mlle Miolan dans le rôle d'Athénaïs de Solanges, qu'elle chantait pour la première fois ;

Samedi 2 : *le Calife de Bagdad*, *l'Épreuve villageoise*, *Bonsoir, monsieur Pantalon*;

Dimanche 3 : *les Voitures versées*, *les Noces de Jeannette*, *le Sourd*.

Corti ayant donné sa démission, un arrêté du 19 octobre nomma le colonel Ragani directeur du Théâtre-Italien pour neuf années (1). Ces neuf années devaient être réduites à deux, pendant lesquelles un petit nombre d'événements sont à remarquer. Le premier fut le début à Paris de la Frezzolini.

Erminia Frezzolini nous arrivait précédée d'une réputation dès longtemps acquise sur les scènes étrangères. Les Parisiens n'ont pas joui de ce beau soprano au temps où il s'épanouissait pur et léger dans son expressive vibration. Lorsque l'élève des Garcia se produisit parmi nous, plus d'une brisure trahissait déjà la fatigue et l'altération de la voix. Néanmoins, l'artiste émettait encore des notes dont le timbre, d'une qualité rare, émouvait le cœur autant qu'il séduisait l'oreille. Un profil de camée, les lignes pures d'un corps élégant et gracieux, la noblesse des attitudes, faisaient d'ailleurs de la Frezzolini une des artistes les plus attachantes qu'on pût voir. Elle avait au plus haut degré l'entraînement, l'action, l'ardeur communicative : elle épanchait son âme dans son chant, et maîtrisait le public en paraissant se donner tout entière. L'apparition et le succès d'une telle cantatrice étaient d'ailleurs le plus éclatant témoignage du triomphe de la révolution musicale accomplie en Italie. Mme Frezzolini ne chantait pas indifféremment, comme ses devancières, le bouffe et le sérieux, Ninetta et Desdémone, Sémiramis et Rosine. Vouée à la tragédie lyrique, le *gorgheggio* lui était étranger. Aussi, les opéras de Verdi devaient trouver en elle une interprète éloquente.

Après s'être fait vivement applaudir dans *i Puritani*, *Lucia*, *Otello*, *la Sonnambula*, *Lucrezia Borgia*, donna Anna de *don Giovanni*, elle joua Léonore dans *il Trovatore*, donné pour la première fois le 23 décembre 1854, avec le plus grand succès.

1853

1854

---

(1) Régisseur général, Berettoni; directeur de la musique, Giulio Alary; chef d'orchestre, Bonetti.

1854 Les autres artistes étaient : Mme Borghi-Mamo (Azucena), Beau-cardé (Manrico), Graziani (le comte de Luna), Gassier (Fernando). Le maestro était venu lui-même conduire la bataille : suivant la manière italienne, il fut l'objet d'une suite considérable de rappels.

L'Azucena, Mme Borghi-Mamo, était une petite femme d'aspect très méridional : une belle voix grave et cependant flexible, une originalité de fioritures et de style quelque peu bizarre en font une figure à part. Elle joua, avec Mme Bosio, le principal rôle dans un opéra de Pacini, *Gli Arabi nelle Gallie*, dont le sujet était tiré du *Renégat* de d'Arlincourt, et qui fut donné pour la première fois le 30 janvier 1855.

1855 A côté de ces actrices, on applaudit, sous la direction Ragani, Mlle Cambardi (Mathilde-Jeanne Chambard, plus tard Mme Émile Badoche), beau soprano dramatique, élève du Conservatoire de Paris ; Mme Gassier (Pepita), *soprano sfogatissimo*, vocaliste extraordinaire et suraiguë ; Mmes Viardot et Ernesta Grisi, qui firent une courte réapparition sur un théâtre où elles n'ont jamais rencontré que le succès. C'est vers cette époque que le Théâtre-Italien prit l'habitude de donner tous les ans, le jeudi et le samedi saints, une audition du *Stabat* de Rossini. Notons enfin ce retour en arrière : *Nina pazza per amore*, de Coppola, pièce autrefois fameuse dans toute l'Italie, et aussi en Amérique, chantée — sans grand succès — par l'Alboni, Gardoni, Rossi et Florenza (1).

Le 15 mai 1855, une représentation extraordinaire, au profit d'une société de bienfaisance, attirait à Ventadour la société parisienne. Le spectacle était composé d'un vaudeville joué par les artistes du Gymnase, d'un divertissement dansé par Mlle Beretta et M. Mérante, et d'un opéra comique en un acte, *Jacqueline*, paroles de Léon Battu, musique de MM. le comte d'Osmond et Costé, que chantaient Mlles Lefèvre, Nathan et Sainte-Foy. Huit jours plus tard apparaissait Mme Ristori. D'une beauté sculpturale, et néanmoins dramatique, animée par un sentiment très moderne, l'éminente artiste jouait avec une merveilleuse flexibilité le drame et la comédie. Ses qualités de grande tragédienne frappèrent surtout le

(1) Cet ouvrage a paru en 1839 au théâtre de l'Opéra-Comique, sous le titre d'*Eva*. MM. de Leuven et Brunswick avaient refait le poème ; Girard s'était chargé d'arranger la partition.

public dans *Francesca di Rimini* de Silvio Pellico, *Mirra* d'Al- **1855**
fieri, *Oreste* du même, *Pia de' Tolomei* de Carlo Marenco. Elle
était admirablement secondée par Rossi. Les lendemains de
la Ristori appartenaient à Shakespeare ; une troupe anglaise
donna quelques représentations. Mais les Parisiens ne sauraient servir à la fois deux idoles : *Mirra* avait épuisé la somme
d'enthousiasme qu'ils avaient à dépenser en faveur des étrangers, et le nom des époux Wallack, qui pourtant n'étaient
pas sans mérite, se perdit dans le bruit que faisait la Ristori.

Vers la fin du mois de juillet 1855, le colonel Ragani se **1855**
démettait de son privilège et était remplacé par Toribio Cal- **à**
zado, de la Havane, qui fut directeur jusqu'au mois de **1863**
février 1863. Mario et la Grisi revinrent au Théâtre-Ventadour, et, avec Graziani, Salvi, Mmes Frezzolini, Alboni,
Borghi-Mamo, composèrent une troupe excellente. A ces
artistes vinrent s'ajouter :

En 1855, Mme Penco (Rosina), cantatrice remarquable par
la chaleur de la voix et de l'accent, et Zucchini, le dernier
grand *basso buffo* qu'il nous ait été donné d'applaudir ;

En 1859, Tamberlick, célèbre à l'étranger, et qui cependant
avait une telle crainte du public de Ventadour, qu'il fut mauvais le jour de son début dans *Otello*, et ne reprit l'usage
de ses moyens qu'après avoir lancé dans le duo du second
acte son fameux *ut dièse* de poitrine, accueilli par un trépi-
gnant enthousiasme (1) ;

En 1860, Mlle Marie Battu, soprano d'une belle et puissante égalité ;

En 1861, Mlle Trebelli, contralto aux notes stridentes ;
Delle Sedie, musicien plein de goût, parfait modèle du chant
italien ;

En 1862, Naudin, ténor *di grazia*, qui eut la gloire de
créer plus tard le rôle de Vasco de Gama dans *l'Africaine* ;

Enfin, en 1863, Mlle Adelina Patti, dont le nom est comme
l'étincelante fusée qui couronne et illumine ce feu d'artifice
vocal ; Adelina Patti, c'est-à-dire le charme, la jeunesse,

---

(1) L'*ut dièse* de Tamberlick était alors un tour de force plus
étonnant encore qu'il ne le serait aujourd'hui. Le nouveau diapason
n'a été introduit qu'en 1860, et, avant cette réforme, celui du
Théâtre-Italien était le plus élevé de Paris.

l'entrain, deux yeux noirs pétillants de malice, un profil d'une réjouissante mutinerie, une voix d'or, la fioriture poussée jusqu'à la témérité, et le succès assuré pour longtemps au théâtre qu'animaient sa verve et la vivacité de ses vingt ans.

D'autres artistes, dont le nom a jeté moins d'éclat, passèrent aussi sur ces planches :

Mme Steffenone, dont le début imprévu dans *il Trovatore* surprit agréablement le public et la critique ;

Mlle Piccolomini, qui justifiait son nom par la petitesse de sa taille, mais avait une jolie voix et un réel talent ;

Une Américaine, Mme Cora de Wilhorst, encore plus petite que la Piccolomini, mais excellente et vaillante cantatrice ;

Trois Hongroises, Mmes de Ruda, Sarolta, Acs ; Mmes Pozzi, Vestri, Tagliafico, *donne comprimarie ;*

Mmes Saint-Urbain et Guerra, qui rendirent de nombreux services au théâtre et y restèrent longtemps attachées ;

Mmes Bochkoltz–Falconi, Charton-Demeur, Nantier-Didiée, Edenska ;

Les ténors Emmanuel Carrion, Mongini, Giuglini, Bélart, Ludovico Graziani, Lucchesi, Morini, Brini (de son vrai nom Braun), Vidal, Cantoni ;

Les barytons Everardi, Winter, Badiali, N. Verger ;

Les basses Angelini, Pouey, Génibrel, Baillou, Patriossi, Capponi.

Il serait injuste d'omettre sur cette liste les noms de MM. Tagliafico, Agnesi, Arnoldi, Mercuriali, dont les mérites divers furent longtemps appréciés par les habitués de Ventadour.

Les chefs d'orchestre furent : de 1855 à 1857, Bottesini, le célèbre contrebassiste ; après lui, Bonetti. *Maestri di canto :* Schimon, puis Uranio Fontana ; *maestri dei cori :* Fontana, puis Chiaromonte.

Quelques artistes français parurent, durant cette période, au Théâtre-Italien : le violoniste Sarasate, tout jeune et dont la virtuosité enthousiasma le public dans une représentation à bénéfice ; le baryton Merly, Gustave Roger. Les débuts du célèbre ténor eurent lieu bientôt après le funeste accident qui l'avait privé de son bras droit ; aussi le public suivit-il avec une sympathie émue l'effort généreux de l'artiste, qui fut applaudi dans *Lucia, la Traviata, il Trovatore.*

Le premier opéra monté par Calzado fut *il Nuovo Mosè,* c'est-à-dire *Moïse* tel qu'il était donné à l'Opéra, sauf les ballets. Cet essai fut peu goûté. Puis vinrent *Fiorina, o la Fanciulla di Glaris*, de Carlo Pedrotti, jouée le 8 décembre 1855 par Zucchini, Everardi, Carrion et Mme Penco, et *l'Assedio di Firenze*, de Bottesini, représenté le 21 février 1856 avec Mario, Graziani, Angelini, Mme Penco, dans les rôles principaux. Durant les entr'actes de *Fiorina*, on avait fait entendre un berger sarde, aveugle, nommé Picco, qui jouait merveilleusement, paraît-il, d'une *tibia*, espèce de chalumeau à trois trous. Bottesini continua cette tradition d'intermèdes en jouant lui-même de la contrebasse au milieu de son opéra : quelquefois, Sivori vint lui donner la réplique, ce qui sans doute formait un duo fort original. Des nouveautés plus importantes devaient marquer les saisons suivantes : *la Traviata*, donnée le samedi 6 décembre 1856, fut bientôt suivie de *Rigoletto* (19 janvier 1857). Le premier de ces opéras était chanté par Mme Piccolomini, Mario et Graziani ; le second, par Mario, Corsi, Mmes Frezzolini et Alboni.

Rigoletto eut un grand succès. Les aristarques cédaient enfin au goût du public : Scudo daigna trouver que le quatuor du quatrième acte est une page bien écrite, et permit aux gens de goût de se laisser aller à l'émotion que provoque immanquablement cet admirable morceau. *La Traviata* avait été moins goûtée : elle parut, au premier abord, froide et monotone. Un extrait du feuilleton des *Débats* à ce sujet est curieux à reproduire. Après avoir exposé le sujet et blâmé le choix de *la Dame aux Camélias* en vue d'un libretto, Delécluze entre dans l'analyse de la partition. Il apprécie à grands traits les premières scènes, et poursuit :

... Lorsque les deux amants sont restés seuls, le compositeur a écrit pour eux une scène musicale avec beaucoup d'art. Des appartements lointains où l'on danse, la musique qui se fait entendre sert d'accompagnement au duo que chantent Mario et Mme Piccolomini. Ce duo de scène dialoguée est agréable ; mais ce qui lui fait produire un effet particulier c'est la disposition d'un orchestre d'accompagnement placé au fond du théâtre, et par conséquent derrière les acteurs. Ce déplacement de l'orchestre a réalisé pour moi un rêve que je fais depuis bien longtemps, celui de voir donner le pas aux chanteurs sur les musiciens symphonistes. Au moyen de ce renversement, quelque bruyante que pourrait être la partie instrumentale, elle serait toujours atténuée par la distance et les toiles de décorations, de manière que les chanteurs ne seraient pas obligés de crier pour lutter avec quelque avantage contre le tonnerre des ophicléides, des contrebasses et des timbales. Toutes les fois que j'ai communiqué cette idée, on m'a répondu que la chose était impossible ; la scène de *la Traviata* de M. Verdi est assez longue et son exécution a été assez parfaite pour que l'expérience puisse être renouvelée dans des proportions plus larges. Il est certain qu'il ne faut rien moins qu'une mauvaise habitude dégénérée en routine pour que les auditeurs s'arrangent d'être séparés des chanteurs, objet particulier de leur attention, par un rideau épais de sons qui s'élève perpendiculairement entre le théâtre et la scène. Je n'ignore pas les difficultés que le renversement que j'indique présenterait pour l'exécution des grands morceaux d'ensemble qui ont rendu jusqu'ici le bâton du chef d'orchestre indispensable ; mais si le problème était résolu et mis en pratique, on entendrait plus facilement le chant et la parole des chanteurs, ce qui tournerait évidemment à l'avantage de la représentation des opéras.

N'est-il pas piquant de voir un critique de la vieille école, admirateur passionné et même exclusif des chefs-d'œuvre classiques et rossiniens, soulever à propos d'un opéra de Verdi cette question de l'orchestre invisible, entrée depuis dans le domaine des faits au théâtre modèle de Bayreuth ?

Ce que les *dilettanti* reprochaient le plus au musicien du *Trovatore*, de *Rigoletto*, d'*Ernani*, c'est le manque de souplesse, et son impuissance à exprimer les sentiments joyeux et tempérés. Delécluze le lui dit sans se lasser pendant vingt ans ; si la formule de sa critique change, le fond ne varie guère. En 1846, il écrit :

Le talent de Verdi paraît se prêter difficilement à la gaieté. Le sujet des *Deux Foscari* n'y prête guère sans doute ; toutefois, l'auteur du libretto a ouvert son troisième acte par une mascarade ; mais le compositeur, au lieu de saisir avec empressement l'occasion de soulager le public des plaintes du jeune Foscari mutilé par les tortures, et des cris de désespoir de sa malheureuse femme, a fait encore un chœur à trois temps, lugubre, monotone, et que les promeneurs de la place Saint-Marc chantent *à l'unisson !*

Plus tard, parlant du *Trovatore*, l'écrivain généralise sa pensée :

Dans *le Mariage secret*, dans *Don Juan* et la plupart des opéras de Rossini, tous les modes, depuis le plus grave jusqu'au plus léger sont employés ; dans les ouvrages de M. Verdi, au contraire, il n'y en a ordinairement qu'un, comme dans *il Trovatore*, le plus austère de tous.

Le second acte de *la Traviata*, dit-il encore, se termine au milieu d'un bal masqué, où des troupes de bohémiennes et de matadors viennent chanter en chœur des morceaux fort languissants, sans originalité, et dont les thèmes sont tristes, bien que le compositeur ait cherché à les ragaillardir par le son des tambours de basque et des grelots. Mais si M. Verdi se montre quelquefois gracieux, comme dans l'introduction instrumentale de *la Traviata*, son génie ne laisse jamais échapper aucune étincelle de cette gaieté aimable qui est l'un des caractères des grands compositeurs italiens. Plus d'une fois les libretti qu'il a mis en musique l'ont amené à exprimer les folies, les gaietés et le mouvement d'une salle de bal ; sa muse austère et sauvage ne lui a jamais inspiré que des chants qui se sentent de son humeur.

Ailleurs enfin, le critique des *Débats* va jusqu'à poser cette question :

Quel est l'amateur le plus zélé dont l'attention puisse être soutenue pendant quatre heures que dure la représentation du *Trovatore*, en entendant constamment de la musique plus que grave ?...

Ceux des abonnés qu'effrayaient l'expressive tristesse et les sombres dénouements des opéras de Verdi durent tressaillir d'aise en voyant un ouvrage de M. de Flotow, qui semblait revenir aux meilleures traditions mélodiques de l'école italienne, avec plus de soin dans le détail et de piquant dans l'instrumentation : *Marta*. Écrit à Vienne en 1847, cet opéra, après avoir fait le tour de l'Allemagne, fut représenté à Paris le 11 février 1858, onze ans après sa création. Mario, Graziani, Zucchini, Mmes Saint-Urbain et Nantier-Didiée en furent les interprètes. L'ouverture, le quatuor du rouet, que le public bissait chaque soir, la chanson du porter, la romance du ténor, celle de la rose, furent applaudis sans contestation ; *Marta* s'installait triomphalement au répertoire du Théâtre-Italien.

Les nouveautés qui suivirent furent moins heureuses : *Don Desiderio* (1), opéra bouffe du prince Poniatowski ; *il Giura-*

(1) Écrit à Pise en 1839, joué à Paris le 16 mars 1858 par Zucchini, Corsi, Mario, Mme Salvini-Donati.

mento (1), de Mercadante; *Un curioso accidente* (2), de Rossini; *Margherita la mendicante* (3), de Gaetano Braga; *il Furioso nell' Isola di San—Domingo*, de Donizetti.

Ce dernier ouvrage, écrit à Rome en 1833, fut joué à Ventadour le 2 février 1862, par Delle-Sedie, Brini, Zucchini, Mmes Marie Battu et Tagliafico. La partition contenait de belles pages, mais n'eut pas de succès; *Poliuto*, du même maître, repris en 1860, réussit au contraire, et fournit chaque année à Tamberlick une série de belles représentations.

Le 13 janvier 1861 vit la première représentation d'*Un Ballo in maschera*, de Verdi, qu'interprétaient Mario, Graziani, Mmes Penco, Alboni, Marie Battu. La critique se montra favorable à cette œuvre. « La musique, dit Fiorentino, est une des meilleures que Verdi ait écrites, et si elle n'a pas eu d'emblée le même succès que *Rigoletto* et le *Trovatore*, c'est que l'exécution a péché, surtout par la faute du ténor qui a la plus grande responsabilité de l'ouvrage. » Il est vrai que la partition d'*Un Ballo in maschera* est mieux écrite, au sens étroit du mot, que la plupart des autres ouvrages de Verdi; cependant nous nous rangerions volontiers à l'avis de Paul Smith, qui écrivait dans la *Gazette musicale* : « En attendant que nos premières impressions se confirment ou se corrigent, nous plaçons cet opéra dans une région inférieure au *Trovatore* et à *Rigoletto*, plus près de *la Traviata* et au-dessus de beaucoup d'autres productions anciennes et nouvelles du même compositeur. »

Autre nouveauté, le 19 février 1863 : *Alessandro Stradella*, de M. de Flotow. L'histoire de cet ouvrage est curieuse. En 1837, l'aventure célèbre du peintre chanteur Stradella, qu'il est inutile de rappeler à nos lecteurs, tant elle est connue, était mise en scène à la fois sur deux théâtres parisiens : à l'Opéra

---

(1) Traduction d'*Angelo,* de Victor Hugo, créé à Naples en 1837, joué à Paris le 22 novembre 1858 par Mmes Penco et Alboni, Francesco et Ludovico Graziani.

(2) Joué pour la première et dernière fois le 28 novembre 1859. C'était un pastiche composé avec des lambeaux des premiers opéras de Rossini. Le maestro avait désavoué à l'avance cette exhibition par une lettre rendue publique. Chanté par Lucchesi, Badiali, Zucchini, Mmes Alboni et Cambardi.

(3) 20 décembre 1859. Mme Borghi-Mamo, Gardoni, Graziani, Zucchini.

et au Palais-Royal. Le grand opéra donné à l'Académie de musique était d'Émile Deschamps, Émilien Pacini et Niedermeyer. La pièce du Palais-Royal avait pour auteurs Paul Duport et de Forges. Ceux-ci demandèrent à M. de Flotow, qui s'empressa de les écrire, deux morceaux : un air pour le bandit Malvolio, et l'hymne à la Vierge qui, chantée par Stradella, devait arrêter le poignard des assassins gagés pour le mettre à mort. L'hymne, chantée avec beaucoup de charme par Achard, contribua fort au succès. De même que d'un acte de ballet M. de Flotow avait fait *Marta*, de même il s'arrêta à l'idée de *Stradella* et finit par écrire sur ce sujet trois actes de musique. Son opéra, composé d'abord sur des paroles allemandes, fit une belle carrière de l'autre côté du Rhin. Joué pour la première fois à Hambourg en décembre 1844, il se maintint au répertoire dans la plupart des scènes germaniques, et vers 1862, le théâtre qui l'avait créé en donnait la centième représentation. Il fut traduit en français, mais n'a jamais, sous cette forme, vu le jour de la rampe.

L'adaptation italienne eut à Ventadour un franc succès. Mlle Battu remplit avec beaucoup de talent le rôle de la fille des Contarini ; les deux *bravi* étaient supérieurement joués par Delle Sedie et Zucchini ; Naudin, dans le principal personnage, déployait un charme qui rendait vraisemblable le merveilleux dénouement de l'action. M. Félix Clément dit que « pour la scène dans laquelle Stradella désarme ses assassins par la beauté de sa voix, M. de Flotow a introduit dans sa partition une cavatine de Bellini ». Ce serait là une preuve de modestie bien à remarquer ; mais nous ne savons à quelle source l'auteur du *Dictionnaire lyrique* a puisé ce renseignement.

Quelques reprises eurent lieu vers la même époque, qui méritent d'attirer l'attention : celle d'*il Crociato*, faite malgré Meyerbeer, puis celles de quelques chefs-d'œuvre classiques : *le Nozze di Figaro*, *il Matrimonio segreto*, *Cosi fan tutte*, *la Serva padrona*, celle-ci jouée en même temps à l'Opéra-Comique.

En dehors de la saison italienne, nous n'avons à signaler que le retour périodique de Mme Ristori, et sa création, en 1856, de la *Médée*, de M. Legouvé, que Rachel avait refusé de jouer à la Comédie-Française ; puis, en 1860, les concerts de Richard Wagner et de J.-B. Weckerlin. Ces personnages sont trop près de nous pour qu'il soit nécessaire de donner de longs détails sur eux et leurs œuvres. Voici le programme de ces séances :

CONCERTS DE RICHARD WAGNER

(25 et 31 janvier 1860)

Ouverture du *Vaisseau-fantôme ;*
Marche avec chœurs, introduction du 3e acte, chant des pèlerins et ouverture de *Tannhaüser ;*
Prélude de *Tristan et Iseult ;*
Prélude, marche des fiançailles, fête nuptiale et épithalame de *Lohengrin.*

Ces concerts, dirigés par le compositeur lui-même, furent le premier signal du bruit que devaient faire en France la musique, le système et la personne du réformateur, bruit qui, grandissant toujours, allait se résoudre l'année suivante à l'Opéra en une discordante et épouvantable tempête.

La musique de M. Weckerlin, plus modeste, ne rencontra que des éloges. Le 19 décembre 1860, cet artiste donnait une grande séance au Théâtre-Italien pour faire entendre :

PREMIÈRE PARTIE

Régia, ouverture ; *Ballade orientale,* pour ténor solo, chantée par M. Lévy, avec chœur et orchestre ; *Ode de Gilbert,* chantée par Belval, de l'Opéra ; *l'Adieu des Bohémiens,* scène avec chœurs, chantée par Mlle Balbi.

SECONDE PARTIE

Les Poèmes de la mer, ode-symphonie d'après le livre d'Autran, suite de morceaux et scènes pour chœurs et voix seules.

Cent cinquante musiciens prirent part à cette exécution, conduite par l'auteur.

On sait comment finit la direction Calzado. Cet industriel, ayant dû donner sa démission au mois de février 1863, fut remplacé d'abord par un gérant provisoire, Andrès Mico, sous la surveillance d'Édouard Monnais, commissaire impérial, puis par M. Bagier, directeur du théâtre del Oriente, de Madrid, qui prit les Italiens de Paris sans subvention (1). Le nouvel impresario se fit remarquer d'abord par des idées de changement et de rénovation. Le parterre avait été amélioré en 1858, et le prix de la place avait été porté à la somme, auparavant inconnue, de cinq francs. M. Bagier supprima le parterre. Les dilettantes sans fortune furent invités à monter au quatrième étage, où on leur offrit des places à quatre francs ; on eut même la galanterie de leur consacrer un escalier spécial, lequel ne donnait pas accès au foyer. Le rez-de-chaussée du Théâtre-Italien devint un salon luxueux, à travers lequel un large couloir fut pratiqué ; un épais tapis éteignait le bruit des allants et des venants. Les fauteuils furent élargis et menés au dernier point du confortable moderne (2). Bagier essaya sans succès de donner cinq représentations par semaine : les dimanche, mardi, mercredi, jeudi et samedi. Cette combinaison ne put entrer dans les mœurs du public parisien, qui tenait à ses jours d'Opéra.

Il y tenait d'autant mieux, qu'un changement très notable était survenu dans ses goûts. M. Pasdeloup venait de fonder ses concerts populaires de musique classique, création audacieuse qui eut bientôt un grand et légitime succès de vogue. De nouvelles couches de dilettantes étaient apparues, en même temps que les classes autrefois privilégiées devenaient plus exigeantes en fait d'harmonie et d'instrumentation. Mozart et Gluck triomphaient au Théâtre-Lyrique, sous la direction

---

(1) En offrant de prendre gratis la direction du Théâtre-Italien, Bagier avait trop présumé de sa chance et de ses forces. Au bout d'une année d'exercice, il se vit en déficit ; le décret sur la liberté des théâtres, qui annulait son privilège, lui fournit l'occasion de réclamer, comme compensation, une subvention de cent mille francs, qui lui fut accordée à partir du 1er juillet 1866.

(2) Bagier conçut l'idée bizarre d'avoir des fauteuils d'orchestre de prix différents suivant leur position dans la salle. Cette innovation fut très mal accueillie, et il fallut bientôt rétablir l'uniformité dans le prix des fauteuils, qui était de 14 francs au bureau et de 12 francs par abonnement. — Lorsque la Patti devait chanter, le prix des grandes places était augmenté : les fauteuils d'orchestre étaient à 20 francs ; les stalles (bientôt supprimées d'ailleurs), à 10 francs ; les premières loges coûtaient 20 francs ; les deuxièmes loges de face, 12 francs ; de côté, 9 francs ; les troisièmes, 7 francs ; les quatrièmes restaient à 4 francs, et les cinquièmes à 3 francs.

de M. Carvalho. Les Parisiens prenaient du sérieux : quand on ne leur offrait pas de la musique des vieux maîtres, ils exigeaient des livrets d'opéra qui eussent une certaine vraisemblance et aussi quelque intérêt ; sur ces poèmes, ils voulaient entendre une déclamation, une mélodie adaptées au sens des paroles, capables de fortifier les situations dramatiques et, autant que possible, faites pour exprimer les sentiments des personnages en scène. Il est certain que, sous bien des rapports, les grands ouvrages de Meyerbeer offraient à l'auditeur des satisfactions plus intenses, un plaisir plus élevé que celui qu'on pouvait trouver à l'audition de la plupart des opéras italiens. Les spectateurs les moins fortunés ayant été chassés par l'élévation des prix des places, la haute société se laissa aller à suivre le courant populaire : bientôt il fut de meilleur ton d'avoir sa loge à l'Opéra qu'aux Italiens.

Tout, d'ailleurs, concourait à ce résultat. Les chefs-d'œuvre de la période rossinienne n'avaient plus d'interprètes ; le genre de l'*opera buffa* était abandonné des compositeurs ; qu'aurait-on été chercher à Ventadour ? Dans les derniers temps de la direction Calzado, un phénomène était apparu : une jeune fille douée de tous les dons, parée de toutes les séductions, avait semblé devoir ramener le Théâtre-Italien à la vie : c'est elle qui lui porta le coup mortel. La Patti fit fureur: le public n'eut plus d'yeux que pour elle. La direction exploita cet engouement à sa manière. Les affiches changèrent d'aspect : au lieu de cette liste d'artistes dont chacun gardait son rang et dont l'ensemble faisait la force, on vit un nom en vedette : ADELINA PATTI. On courut aux Italiens, non plus pour entendre tel ou tel opéra, mais pour entendre Patti. Ce nom seul suffisait à attirer la foule : pourquoi les directeurs y auraient-ils regardé de plus près que le public ? On montra la *diva* entourée de comparses sans talent ; mais, comme c'était à prévoir, les Parisiens se fatiguèrent de cette exhibition. La salle Ventadour devint le rendez-vous des étrangers ; les Américains du Sud remplacèrent la société du faubourg Saint-Germain : public d'un goût douteux, bruyant dans ses manifestations, et tout différent de celui qui avait si longtemps fait ses délices des Bouffons. Dès lors, le Théâtre-Italien était condamné à disparaître.

Même dans cette décadence, Ventadour a encore de belles soirées à raconter. Le mois d'octobre 1863 vit le début à Paris de Fraschini, le ténor le plus parfait qu'on ait peut-être jamais entendu. Fraschini avait quarante-sept ans lorsqu'il se décida à se montrer sur une scène parisienne. Habitué à des succès constants en Espagne et en Portugal, il se souciait si peu de venir soumettre son talent au jugement des Français que la veille de son départ de Madrid, il offrait cent mille francs à son directeur pour rompre la clause de son engagement qui l'obligeait à chanter à Paris. Appréhension vaine : qui mieux et plus vite que nous rend justice aux talents étrangers? A peine Fraschini eût-il lancé une phrase du premier récitatif d'Edgard dans *Lucia*, que sa cause était gagnée. L'admirable pureté, l'étonnante homogénéité de la voix, la beauté de la diction, la largeur du style, la correction de l'attitude, la sobriété de l'interprétation frappèrent les auditeurs d'admiration ; la soirée ne fut qu'une ovation continue : les bravos, les rappels ne finissaient pas; des *bis* se faisaient entendre, auxquels l'artiste répondait en continuant tranquillement son rôle sans daigner se livrer aux salutations en usage sur les scènes italiennes. Cette indifférence ou cette fermeté ne firent qu'enthousiasmer davantage le public; le succès de Fraschini grandit encore, si c'était possible, dans les autres pièces où il parut : *Poliuto, il Trovatore, Lucrezia Borgia, Ernani, Marta, Un Ballo in maschera.*

Quelques jours avant Fraschini, avait débuté sur la scène de Ventadour un ténor beaucoup plus jeune, destiné à la célébrité : Nicolini. Ce nom et la plupart de ceux qui nous restent à citer appartiennent à la période absolument contemporaine. De longues appréciations nous paraissent inutiles sur des chanteurs dont la plupart sont encore en pleine carrière : un résumé chronologique des principaux événements , avec le tableau des troupes qui se sont succédé à Ventadour, suffira, croyons-nous , à la toute récente histoire de la direction Bagier. Voici ce résumé aussi fidèle et aussi complet que possible.

Saison 1863-1864.

Chef d'orchestre : Castagneri : directeur du chant, Alary; chef des chœurs : Gautier.

Artistes engagés : Mmes de la Grange, Borghi-Mamo, Gassier, Charton-Demeur, Adelina Patti ; Fraschini, Mario, Nicolini, Pagans, ténors ; Agnesi, Delle Sedie, Morelli, barytons;

Antonucci, Bouché, basses; Rovère, Scalese, bouffes ; Arnoldi, Capello, Leroy, Mercuriali, Padovani, Vairo, parties secondaires.

Débuts des sœurs Marchisio dans *Semiramide* et *Cenerentola;* représentation à bénéfice, où la Patti chante un acte du *Faust* de Gounod.

Saison *1864-1865*.

Chefs d'orchestre: MM. Bosoni, Graffigna, Portehaut ; chef du chant, Alary ; chef des chœurs, Hurand ; maître de ballet, Costa.

Rentrée de Mmes Penco et Frezzolini, de Zucchini, de Naudin ; début du baryton Verger dans *Ernani*, du ténor Corsi dans *il Barbiere.*

Première représentation de *Crispino e la Comare*, trois actes de Louis et Frédéric Ricci, joués le 4 avril 1865 par Zucchini, Mercuriali, Agnesi, Mlle Vitali, nièce de Fraschini ; on y ajoute bientôt un divertissement composé par Saint-Léon, *Don Zeffiro*, dansé par M. Gredelue-Mérante, Mmes Urban et Diani.

Saison *1865-1866*.

Rentrée de Graziani dans *Rigoletto ;* débuts de Mlles Grossi, Zeïss, Castri, Mme Calderon, Mlles Llanes et Mela.

Nouveautés : *Don Bucefalo*, opéra bouffe en trois actes, d'Antoine Cagnoni, joué par Mlle Vitali, Mme de Brigny (début), Baragli, ténor, Mercuriali et Zucchini, dont le merveilleux talent fut impuissant à prévenir la chute de l'ouvrage ; — *il Basilico*, divertissement de M. Tréfeu, réglé par Saint-Léon, musique du comte Massimiliano Graziani, fils du célèbre chanteur que Rossini appelait le Bartolo des Bartolos ; — *Leonora*, de Mercadante, jouée le 8 janvier 1866 par Fraschini, Delle Sedie, Scalese, Agnesi, Tapio, Mlles Vitali et Vestri ; — *gli Elementi*, ballet de Saint-Léon ; — *la Fidanzata valacca*, autre ballet, dû à la collaboration de MM. Nuitter, Saint-Léon, Graziani et Mattiozzi ; — et pour la clôture, le samedi 3 mai, *il Casino di campagna*, opéra comique d'Ulysse Barbieri, musique de Vincent Mela.

La Patti fait toujours *fanatismo ;* après un procès avec la direction, Mme Penco quitte le théâtre Ventadour.

Saison 1866-1867.

Chef d'orchestre : Skoczdopole ; premier et second sous-chefs, Portehaut et Accursi.

Artistes engagés : Mmes Patti, E. Lagrua, Calderon, Castri, Zeïss, Llanes, Rosa Formi, Guérette, Vestri, Marcus ; Arnoldi, Leroy, Nicolini, Pancani, Fraschini, Léopold Ketten, Cresci, Verger, Agnesi, Silva, Vairo, Mercuriali.

Débuts de Mlle Laure Harris, une toute jeune Américaine, douée d'une jolie voix de soprano ; rentrée de Gardoni.

Locanda gratis, un acte du maestro Alary, joué par Zucchini, Mlles Castri et Zeïss, obtient un succès honorable.

Des représentations du dimanche, à prix réduits, composées de divers fragments avec intermèdes, sont inaugurées, mais ne durent pas. On y entend, entre autres virtuoses, les sœurs Ferni et leur frère Antonio Ferni.

Le théâtre reprend *la Gazza ladra* pour la Patti, puis *il Matrimonio segreto*, où Zucchini est parfait comme toujours. Le public se montre de plus en plus friand des chefs-d'œuvre de la période classique.

Columella, opéra en trois actes de Fioravanti, joué le 11 avril 1867 par Mmes Vestri et States, Agnesi, Cresci, Scalese, Mercuriali, n'obtient aucun succès. Le morceau le plus remarquable de cette partition est une sorte de cacophonie placée au second acte : la scène représente une maison de fous, dont les pensionnaires se mêlent de donner un concert ; ils chantent à bouche fermée et estropient d'une façon grotesque l'ouverture de *Semiramide*.

Le 6 avril, une cantatrice de premier ordre avait débuté dans *il Trovatore* à côté de Fraschini ; Mlle Gabrielle Krauss, dont le succès très vif devait grandir de jour en jour.

Le Théâtre-Italien avait fermé ses portes le 30 avril 1867, juste la veille du jour où l'Exposition universelle s'ouvrait au Champ de Mars. Les étrangers affluèrent. Quelques-uns des artistes restés à Paris voulurent tenter la fortune et organisèrent des représentations. Mais ce n'était pas la tête de la troupe, et le public, sollicité de tous côtés, courut vers de plus puissantes attractions. Mme Ristori réussit mieux à l'attirer ; elle donna au mois de juillet quatre représentations, où elle se fit applaudir dans *Elisabetta*, *Maria Stuarda* et *Medea*. A la même époque, une représentation curieuse eut lieu à Ventadour, dans la journée et à huis clos. Un tout petit théâtre venait de s'ouvrir au boulevard des Italiens, et avait trouvé dans *l'Oie du Caire* de Mozart, traduite par M. Victor Wilder et arrangée par M. Charles Constantin, un succès de bon aloi. M. Martinet, directeur des Fantaisies-Parisiennes, voulut essayer l'effet de cette mignonne partition sur une scène plus vaste que la sienne, et un jeudi, dans l'après-midi, se transporta à Ventadour avec sa troupe et son orchestre, se réservant de demander la salle à Bagier pour la durée de l'Exposition. L'épreuve réussit à merveille, et si bien que Bagier manifesta aussitôt l'intention de monter *l'Oca del Cairo* dans la langue originaire. Force fut à M. Martinet de renoncer à son projet.

La salle Ventadour, en cette année d'invasion universelle, était réservée aux étrangers. Le 1er juin, un concert fut donné qui réunissait deux chefs d'orchestre allemands, M. J. Bilse, *capellmeister* du roi de Prusse, et Johann Strauss, chef d'orchestre des bals de la cour d'Autriche. Cette association fraternelle, au lendemain de Sadowa, ne laissait pas que d'être piquante. Le chef berlinois s'était réservé la partie sérieuse du concert, et dirigea excellemment les ouvertures de *Tannhäuser* et du *Freyschütz*, une symphonie de Beethoven et la *Rêverie* de Schumann. Strauss fit entendre ses valses, et, n'eut pas de peine à triompher.

Autre concert, le 11 juin, donné par H. Wieniawski, avec le concours d'Alfred Jaëll et de Mlle Rosa Csillag. Le nom de ces virtuoses dispense de tout éloge et dit assez le succès obtenu.

Saison 1867-1868.

Bagier ne voulut pas être, parmi les directeurs de théâtre, le seul qui ne profitât pas de la foule d'étrangers amenée à Paris par l'Exposition. En homme prévoyant, il s'était assuré le concours de la Patti à partir du 1er septembre, et le 3, cinq ou six semaines avant l'époque habituelle de la réouverture, il commençait la série des représentations italiennes. Ces soirées furent, comme on peut le penser, très fructueuses. Le répertoire de la diva en fit tous les frais : on applaudit Mlle Patti dans *la Sonnambula, Don Pasquale, il Barbiere, la Traviata, Lucia di Lammermoor, Crispino e la Comare, la Gazza ladra*; chaque soir une

avalanche de fleurs tombait aux pieds de l'incomparable artiste. Le prince Poniatowski trouva l'occasion excellente pour
provoquer une reprise de *Don Desiderio*, avec Mlle Patti dans le
rôle principal. Mais c'est maintenant dans les rôles dramatiques que celle-ci aimait à briller : *Linda di Chamounix, Rigoletto, Ernani, il Trovatore, Giovanna d'Arco* de Verdi, donnée
pour la première fois à Paris le 28 mars 1868, lui fournirent
d'éclatants triomphes, qu'elle dut savourer d'autant mieux
que longtemps on l'avait accusée d'insensibilité, la perfection
de son mécanisme tournant même contre elle, et l'insouciance
apparente de sa personne paraissant mal se prêter à l'expression pathétique. Le 2 mai, après huit mois d'ovations répétées,
interrompus par une courte saison à Pétersbourg et quelques
excursions en province, l'enthousiasme atteignait au délire ;
Adelina Patti donnait une représentation à bénéfice où elle fit,
comme à son habitude, dix-sept mille francs de recette, puis
s'éloignait pour aller chanter à Londres.

Cette campagne de 1867-1868 vit le début d'un artiste très
intéressant, l'ancien sculpteur Steller, qui avait laissé l'ébau-
choir et la terre glaise pour monter sur les planches. Steller
avait une belle voix de baryton, qu'il dirigeait avec sûreté ;
mais, avec une grande distinction, il manquait de chaleur.
Il passait alors en Italie pour le seul artiste capable de remplir le rôle de Don Juan. Le chef-d'œuvre de Mozart fut donc
remonté à Ventadour : les autres personnages étaient tenus par
Gardoni (Don Ottavio), Ciampi (Leporello), Verger (Masetto),
Mmes Krauss, Harris et Patti (donna Anna, donna Elvira,
Zerlina). Steller parut aussi dans *Giovanna d'Arco*, avec la
Patti et Nicolini, et avec Scalese, Agnesi, Mlles Grossi et
Rosello dans *Matilda di Sabran*, repris pour les débuts à Paris
d'un couple qui avait fait fureur à Milan, *i coniugi Tiberini*.

Outre *Giovanna d'Arco*, deux nouveautés sont à signaler encore : *il Templario*, d'Otto Nicolaï (1), joué le 28 janvier 1868
par Mlles Krauss et Simoni, Nicolini, Steller, Agnesi, et
la Contessina, du prince J. Poniatowski. Ce dernier ouvrage,
intitulé *opera semi-seria*, était écrit sur un livret de MM. de
Saint-Georges et Jules Adenis, traduit en italien par M. de
Lauzières. Il renfermait, comme *la Muette*, un rôle mimé, qui

1863
à
1870

---

(1) Créé à Turin en 1839. La pièce roule sur le sujet d'*Ivanhoe*.

fut tenu avec élégance par Mlle Urban. Les autres artistes étaient Mlle Grossi, M. et Mme Tiberini, N. Verger et Scalese. La première représentation eut lieu le 28 avril 1868, à la veille de la clôture, mais *la Contessina* fut donnée plusieurs fois au commencement de la saison suivante.

Au printemps de 1868, M. Carvalho, alors directeur du Théâtre-Lyrique, installa une partie de sa troupe à Ventadour, les mardis, jeudis et samedis : le théâtre prenait, ces jours-là, le nom de THÉÂTRE DE LA RENAISSANCE ; le prix des places y était le même qu'au Théâtre-Lyrique. Les représentations commencèrent le lundi 16 mars. On donna d'abord *Faust*, avec Mme Carvalho dans le rôle qu'elle avait si supérieurement créé, Massy (Faust), Troy (Méphistophélès), Barré (Valentin), Mlle Daram (Siebel) ; puis *la Fanchonnette*, le dernier et l'un des plus brillants succès de Mme Carvalho, avec Monjauze dans le personnage de Listenay ; *Roméo et Juliette*, chanté par les artistes qui avaient paru dans *Faust*. On annonçait *Élisabeth de Hongrie*, de Jules Beer, dans lequel Mlle Schrœder devait jouer le principal rôle ; cette jeune cantatrice s'était déjà essayée dans les grands emplois et avait suppléé Mme Carvalho dans le rôle de Marguerite. Puis tout à coup M. Carvalho abandonne la direction du Théâtre-Lyrique, et le Théâtre de la Renaissance, éphémère création des derniers jours, disparaît.

Cette saison a pour épilogue une courte série de représentations données au mois de juin sur le théâtre Ventadour par quelques artistes de la Porte Saint-Martin : Brindeau, Charly, Laroche et Mme Dica-Petit, qui jouèrent un drame écrit pour eux par Alexandre Dumas d'après un de ses romans, *Madame de Chamblay*.

Saison 1868-1869.

ARTISTES ENGAGÉS.

Prime donne: Adelina Patti, depuis quelques semaines marquise de Caux ; Mlles Krauss, Grossi, et trois jeunes débutantes, Mlles Ricci, Minnie Hauk et de Murska ;

Seconde donne: Mmes Rosello, Vestri ;

Prima mima: Mlle Urban ;

Primi tenori: Fraschini, Tamberlick, Nicolini, Palermi;

Secondi tenori: Ubaldi, Arnoldi;

Primi baritoni: Delle Sedie, Steller, Verger;

Basso cantante: Agnesi;

Bassi et *buffi :* Ciampi, Zimelli, Wallenreiter, Mercuriali, Fallar.

MM. Skoczdopole et Alary continuent à diriger l'orchestre et les chœurs.

OUVRAGES NOUVEAUX OU DONNÉS POUR LA PREMIÈRE FOIS.

Du 1er octobre au 1er janvier, la Patti et le répertoire suffisent. L'année 1869 apporte les nouveautés suivantes :

Jeudi 5 janvier, *Piccolino*, de M. A. de Lauzières d'après la comédie de Victorien Sardou, musique de Mme de Grandval, joué par Mlles Krauss et Grossi, Nicolini, Verger, Agnesi.

Dimanche 28 février : *Messe solennelle* de Rossini, chantée par Mmes Alboni et Krauss, Nicolini, Agnesi ; chœurs dirigés par M. Hurand, maître de chapelle de l'église Saint-Eustache.

REPRÉSENTATIONS EN DEHORS DE LA SAISON.

Février 1869. — Fête donnée par le journal *Paris*, avec le concours de Christine Nilsson, Carolina Ferni, la basse Violetti et les artistes de la troupe italienne.

Mai 1869. — Représentations dramatiques par l'éminent tragédien Ernesto Rossi. On y donne *Struensée,* avec l'admirable musique composée par Meyerbeer pour le drame de son frère.

Saison 1869–1870.

Mêmes artistes engagés, et de plus M. Bonnehée, Mlles Sessi et Morensi. On voit paraître tour à tour, dans un nombre plus ou moins grand de représentations, le célèbre ténor allemand Wachtel, MM. Bulterini, Danieli, Varese, Giraldoni, Soloni, Cappello, Mmes Peroni, Cora de Wilhorst, Sabati, Bertani, Sanz, von Edelsberg.

Ouvrages du répertoire : *il Trovatore*, *Lucia di Lammermoor*, *il Barbiere*, *la Traviata*, *Don Pasquale*, *Rigoletto*, *Poliuto*, *un Ballo in maschera*, *la Sonnambula*, *Don Giovanni* (Bonnehée, Ciampi, Nicolini, Verger, Mlles Krauss, Sessi, Sabati), *Marta*, *Linda di Chamounix*, *Lucrezia Borgia*.

Principaux événements :

Première représentation de *Fidelio* (25 novembre 1869) avec Mlle Krauss dans le rôle de Leonora. Les autres artistes étaient Fraschini, Ciampi, Agnesi, Palermi, Mlle Ricci.

Auditions du poème de Schumann, *le Paradis et la Péri*, paroles de Thomas Moore traduites par M. Victor Wilder ; Mlle Krauss s'y montre admirable, et Bonnehée, dans un bout de récitatif, se fait applaudir.

Premières représentations de *Guido et Ginevra*, d'Halévy, joué par Mlles Krauss et Sabati, Nicolini, Bonnehée, Agnesi, et d'*Alina regina di Golconda*, où chantent Palermi, Verger, Ciampi et Mlle Sessi.

Exécution de quelques scènes du *Freyschütz* en allemand, avec costumes et décors, par Mlles Krauss et Sessi.

Depuis longtemps, la Patti désirait chanter à Paris *la Figlia del regimento*, qui partout ailleurs que chez nous était pour elle l'occasion d'un triomphe exceptionnel. Bagier parvint à s'entendre avec la direction de l'Opéra-Comique pour permettre à sa pensionnaire de jouer deux fois cet ouvrage. En échange de cette autorisation et pour reconnaître le service rendu, Mlle Patti devait aller un soir à la salle Favart avec les artistes et les chœurs du Théâtre-Italien, et y donner le second acte, où elle avait coutume d'intercaler plusieurs morceaux de bravoure. Ces conditions furent exécutées de point en point, et à Favart comme à Ventadour, l'intrépide diva provoqua des applaudissements sans fin. S'il faut mesurer l'enthousiasme du dilettantisme à l'étiage de la caisse, la Patti était plus admirée et plus idolâtrée que jamais; sa représentation d'adieu au Théâtre-Italien lui rapporta en 1870 la somme de 26,148 francs.

Jeanne d'Arc, poème symphonique d'Alfred Holmes, que la vaillance de Mlle Krauss ne put mener au succès, clôt la liste des ouvrages joués en cette saison au théâtre Ventadour.

VII

L'exploitation du Théâtre-Italien devenait de plus en plus difficile (1). Un seul nom, un seul talent exerçait un certain empire sur le public : celui d'Adelina Patti. Aussi le directeur Bagier n'eut-il garde de laisser partir la diva sans lui faire signer un engagement pour la prochaine campagne. Vingt représentations, commençant après la saison de Saint-Pétersbourg pour finir le 31 mai 1871, devaient être payées quatre-vingt mille francs à la Patti ; on lui promettait de plus une soirée à son bénéfice, pour laquelle la recette lui était garantie quinze mille francs. Puis Bagier partait pour l'Italie, en compagnie de son nouveau chef d'orchestre Emanuele Muzio, et s'en allait recruter les éléments d'une troupe nouvelle et capable d'ajouter, si c'était possible, à l'attraction de sa principale cantatrice. Il revenait vers la fin de juillet, lançait

1870 à 1871

---

(1) Le tableau suivant, publié il y a quelques années dans le *Monde illustré*, montre, par la décroissance des recettes encaissées, la décadence trop constatée du Théâtre-Italien :

Saisons.	Recettes.
1863-64	1.168.000 francs
1864-65	1.020.000 —
1865-66	850.000 —
1866-67	750.000 —
1867-68	960.000 —
1868-69	920.000 —

Les frais de l'exploitation s'élevaient d'après le même journal à la somme de 1,110,000 francs. C'est à peine si, avec la subvention, le théâtre pouvait joindre les deux bouts.

par les mille voix de la réclame les noms retentissants des premiers sujets qu'il avait engagés, et au surplus faisait espérer
que la Patti, avant de partir pour la Russie, consentirait à
donner quelques représentations durant le mois de septembre.

Hélas ! en septembre Paris était investi ; les angoisses et
les longues tristesses du siège commençaient. Le 20, l'édition
parisienne du *Journal officiel de la République française* n'a plus
qu'une demi-feuille, et sur cette demi-feuille ou lit l'avis suivant :

M. Jules Masson, administrateur et représentant de la Société des
actionnaires de l'immeuble du Théâtre-Italien, et M. Bagier, directeur de ce théâtre, prient leurs concitoyens de vouloir bien prêter,
pour l'ambulance qu'ils organisent dans les foyers et dépendances
du Théâtre-Italien , des lits en fer, matelas, couvertures, draps et
linge de toute sorte dont ils pourront disposer.

Les objets prêtés seront rendus dès qu'ils ne seront plus nécessaires.

Les dons en argent et de toute nature seront également reçus avec
une vive reconnaissance. Les prêts et dons seront reçus à la direction du Théâtre-Italien, en face de la rue Monsigny. En cas d'absence
et d'impossibilité d'envoyer, prière d'écrire quelle somme on donnera
au retour.

Les noms des bienfaiteurs de l'ambulance seront publiés et inscrits
sur un tableau qui restera exposé dans le foyer du Théâtre-Italien,
comme souvenir de reconnaissance.

Ce qui n'empêcha pas Bagier de convoquer le public à
Ventadour pour une audition de la *Messe* de Rossini, et la
municipalité du IIIe arrondissement d'y donner un concert au
profit de ses cantines, avec le concours bienveillant de Mmes de
Lagrange, Marie Roze et Sasse, MM. Morère, Leroy, Melchissédec, Hermann-Léon, Mercuriali, Lalliet, Taffanel, Damase
Alary, Francis Thomé, Douce.

VIII

§ 1. *Direction Verger et Lemaire.*

De tous les spectacles de Paris, le Théâtre-Italien fut le plus long à se remettre de la terrible secousse de 1870. Cela n'a rien d'étonnant. Objet de luxe et d'apparat, l'Opéra-Italien tenait beaucoup moins que les théâtres nationaux à notre sang et à nos fibres. Le gros de la population ne s'y est jamais intéressé très vivement. A un moment où la France, accablée sous le poids de désastres sans nom, n'aspirait qu'à se recueillir pour rassembler ses forces et retrouver son génie, personne n'eût été surpris de voir la subvention de l'État retirée à une entreprise étrangère qui ne profitait que très indirectement au progrès de l'art français. Cependant le fameux discours de M. Beulé avait entraîné l'Assemblée de 1871, qui ne voulut pas se montrer inférieure, en fait de générosités artistiques, au gouvernement impérial, et l'on décida qu'une allocation de cent mille francs continuerait à être fournie au Théâtre-Italien.

Mais il n'était pas difficile de s'apercevoir que le public serait très indifférent à la renaissance de cette aristocratique institution. Le courant le portait ailleurs. Aussi, peu de spéculateurs furent tentés de prendre la direction des Italiens. Homme prudent et avisé, habitué à gagner gros, Bagier ne se souciait pas de courir les aventures. Ce n'était rien, s'il eût cédé la place à d'autres ; mais il paraissait vouloir jouer, à l'endroit de l'entreprise, le rôle du chien du jardinier. Il n'en voulait certes pas, et dès qu'un plus audacieux faisait mine de la demander, il se jetait entre lui et les propriétaires de l'immeuble, déclarant que l'acquéreur d'un nouveau bail devait avant tout se rendre maître du matériel et des décors qui appartenaient à lui, Bagier, et qu'il estimait à une somme considérable. Sans doute l'ex-directeur agissait ainsi pour se venger de la Société des propriétaires, qui, après les événements, s'était montrée peu généreuse envers lui. Bagier avait dû s'adresser à la justice pour résilier son bail et obtenir de ne payer le loyer des termes échus qu'à raison de mille francs par mois, somme fort raisonnable, en vérité, pour un local qui avait dû rester fermé plus d'une année entière.

1872 Cependant, malgré ces entraves, un directeur se rencontra au commencement de l'année 1872. Cet homme courageux s'appelait Amédée Verger ; il était l'oncle du baryton que nous avons déjà vu sur la scène de Ventadour. M. Verger se présentait seul, sans l'appui du gouvernement, qui avait mis à l'octroi de la subvention la condition du rachat du matériel Bagier. Voici la circulaire qu'il adressait, le 15 février, aux anciens abonnés du Théâtre-Italien :

« J'ai l'honneur de vous informer que la réouverture du Théâtre-Italien aura lieu le samedi 2 mars prochain par une représentation extraordinaire au profit de l'Œuvre patriotique des Femmes de France. Malgré les nombreuses difficultés qui l'ont retardée jusqu'au dernier moment, cette saison se présente dans de meilleures conditions qu'on n'eût pu l'espérer, car — bien que cela fût très difficile à cette époque de l'année, — j'ai pu réunir une compagnie d'artistes dignes de la scène parisienne. Vous en trouverez les noms dans le tableau ci-joint.

» D'un autre côté, vous voudrez bien remarquer qu'en raison des événements, le prix des places par abonnement a été sensiblement réduit. Les représentations d'abonnement auront lieu les mardis, jeudis et samedis, jusqu'à la fin du mois de mai. Elles seront d'autant plus variées que chacun des artistes engagés ne pourra donner qu'un petit nombre de représentations. »

Ces artistes étaient Mmes Penco, Marie Sasse, Volpini, Marchetti, Smerovski, Trebelli, Rossetti, Vestri, MM. Gardoni, Nicolini, Montanaro, Delle Sedie, Bagaggiolo, Graziani, Verger, Medini, Colonnese, Topai, Mercuriali, Vairo, Caserini, Ubaldi, Vercellini. Chef d'orchestre, directeur du chant, Dami ; chef des chœurs, Braida. A cette liste venaient s'ajouter quelques jours plus tard MM. Guidotti, ténor, Miral, basse, et Mme Braccialini, contralto. On espérait Fraschini ; enfin l'Alboni promettait de chanter à la séance d'ouverture.

Sauf Fraschini, que décidément la maladie obligeait à

prendre sa retraite, toutes les promesses de ce séduisant programme furent remplies, et la courte saison de 1872 fut aussi brillante qu'elle pouvait l'être dans les circonstances où elle s'ouvrait. Voici les opéras chantés du 7 mars au 31 mai, avec le nombre des représentations de chacun d'eux :

La Traviata, jouée trois fois ;

Lucia di Lammermoor, une fois ;

Lucrezia Borgia, quatre fois.

Don Pasquale, deux fois ;

Rigoletto, deux fois ;

Il Barbiere di Siviglia, cinq fois ;

Il Matrimonio segreto, quatre fois : Mme Alboni consentit à paraître dans cet ouvrage, aux applaudissements enthousiastes du public ;

Linda di Chamounix, qui n'eut qu'une représentation ;

Il Trovatore, qui alla jusqu'à cinq, avec Mme Sasse dans le rôle de Leonora ;

Norma, donnée le mercredi 8 mai dans une représentation au bénéfice de Mme Penco, avec des intermèdes chorégraphiques dansés par Mlle Kathi Lanner, première danseuse du Théâtre-Impérial de Vienne, et M. G. V. Defranesco, premier danseur du Théâtre de Sa Majesté à Londres ;

Anna Bolena, jouée deux fois ;

Otello, avec le ténor Mongini, trois fois ;

Enfin, pour les concerts spirituels de la semaine sainte, le *Stabat Mater* de Rossini.

Le 1ᵉʳ octobre, réouverture du théâtre avec des éléments à peu près pareils. M. Luigini est adjoint à M. Dami et partage avec lui les fonctions de chef d'orchestre. Rentrée de Mmes Penco et Braccialini, du baryton Colonnese ; débuts du ténor Ugolini, de M. Topai, *basso buffo* ; de Mme Pasqua, soprano dramatique ; de Mme Ostava Torriani, charmante cantatrice, Suédoise d'origine ; de Mlle Albani (Emma Lajeunesse), jeune Canadienne que déjà, à cette époque, les habitués de Covent Garden considéraient comme une artiste *di primo cartello* ; de Capoul, qui n'eut pas à Paris, comme chanteur italien, le succès que selon nous il méritait, et qu'il devait retrouver dès qu'il aborderait de nouveau l'opéra français.

Malgré toute cette importation d'artistes, malgré l'activité du directeur, qui s'était adjoint comme administrateur M. Lemaire, le Théâtre-Italien ne reprenait pas l'animation d'autrefois. M. Verger s'agitait dans le vide ; les étrangers qui

1872 remplissaient la salle et qui y entraient, on peut le dire, comme chez eux, ne pouvaient tenir lieu des anciens abonnés. La société parisienne avait oublié le chemin de Ventadour ; les Bouffons n'étaient plus dans les mœurs ; leur répertoire paraissait suranné, et rien, pas même la toute jeune Mlle Albani, ne pouvait le rajeunir. En vain la direction crut faire revenir des traditions perdues en décrétant que l'habit noir pour les hommes et la robe de soirée pour les dames seraient de rigueur, et en essayant d'interdire les premières places et le foyer aux redingotes et aux robes montantes ; en vain elle essaya de faire un peu de bruit autour de son entreprise par la fondation d'un petit journal, *les Italiens*, que rédigeait M. Paul de Saint-Geniès ; en vain elle fit des avances à l'école française et donna quelques représentations des *Deux Reines de France*, drame en quatre actes de M. Legouvé, défendu par la censure en 1865, et qui fut joué à Ventadour le 27 novembre 1872, avec la musique de M. Gounod. Rien n'y fit : le terrain financier sur lequel on marchait était si peu sûr, que la commission des théâtres ne voulut pas y aventurer l'argent des contribuables. Sans subvention du gouvernement, le Théâtre-Italien ne pouvait exister ; M. Verger ferma.

Il faut mentionner sous son administration le grand concert donné le 28 novembre 1872, au profit des émigrés d'Alsace-Lorraine, par la vicomtesse Vigier (Sophie Cruvelli), magnifique soirée qui produisit une recette de trente mille francs.

§ 2. — *Jubilé de Molière.*

1873 Le 17 février 1873 marquait le deux centième anniversaire de la mort de J. B. Poquelin de Molière. M. H. Ballande, le directeur à qui revient l'honneur d'avoir inauguré les matinées littéraires du dimanche, aujourd'hui entrées dans les habitudes parisiennes, eut l'idée de célébrer cette date par une série de représentations en l'honneur de notre grand comique. Il avait d'abord songé, pour la commémoration qu'il intitulait *Jubilé de Molière*, à établir un théâtre au Palais de l'Industrie. Puis, il préféra la salle Ventadour, qui était justement vacante, et qui, située plus près du centre, parut l'endroit le plus favorable pour une pareille solennité.

Les répétitions commencèrent le 17 février, et le jubilé s'ouvrit le jeudi 15 mai. Il dura une semaine pendant lesquels on donnait deux représentations par jour, l'après-midi et le soir. Dans la journée on jouait une pièce de Molière, *les Fourberies de Scapin, l'Étourdi, le Dépit amoureux, le Mariage forcé, Tartuffe, les Femmes savantes, le Misanthrope,* précédée d'une conférence par MM. Francique Sarcey, H. de Lapommeraye, Claretie, E. Deschanel, A. Vitu, Hippeau, sur les types de Molière, les amours de Molière, la bataille du Tartuffe, les portraits de Molière. Le soir, on jouait *la Mort de Molière,* drame en vers en quatre actes et sept tableaux, de M. Plinchon, dans lequel se trouvait intercalé le troisième acte du *Malade imaginaire,* suivi de la cérémonie avec la mise en scène du temps : marquis sur le théâtre, hallebardiers, mousquetaires à l'orchestre et à l'avant scène, moucheurs de chandelles et chandelles remplaçant le gaz. A la soirée d'inauguration, Mlle Duguéret avait lu *la Dernière Heure de Molière,* pièce de vers de M. Alazard, couronnée au concours. Les autres acteurs qui prirent part au jubilé de Molière furent (nous ne pouvons nommer que les principaux : MM. Dumaine, Marck, Monval, Truffier, Mmes Marie Laurent, Raucourt, Debay, E. Picard, Fayolle, etc.

Pour la durée de ces fêtes littéraires, le foyer du théâtre Ventadour avait été transformée en musée, et M. Ballande y avait rassemblé tout ce que les collectionneurs, amateurs, bibliophiles, et jusqu'aux musées départementaux avaient bien voulu lui prêter en fait d'objets se rapportant à l'homme illustre dont il célébrait la mémoire. On y voyait, pendu aux murs ou exposés dans des vitrines, une foule de tableaux, de miniatures, estampes, tapisseries, éditions rares ou magnifiques, actes de naissance ou de décès, vêtements, et le fameux fauteuil de Pézenas (1). Il ne manquait à cette intelligente organisation que la consécration officielle, et l'appui d'une certaine presse. La vérité oblige à constater que le jubilé de Molière n'attira qu'un public restreint et fut loin d'enrichir celui qui en avait eu l'ingénieuse idée.

---

(1) Citons parmi les personnes qui avaient mis leurs richesses artistiques à la disposition du Jubilé de Molière : MM. Arsène Houssaye, Achille Jubinal, Marcille, Hillemacher, F. Didot, Ed. Fournier, Jouaust, Dauriac, le musée de Montauban, etc.

§ 3. — *Direction Strakosch et Merelli.* — *L'Opéra et le Théâtre-Italien à la salle Ventadour.*

— *Le Troisième Théâtre-Lyrique français.*

1873
Au mois de septembre suivant, un arrêté ministériel nommait M. Strakosch directeur du Théâtre-Italien. Après de longs pourparlers avec les propriétaires, le nouvel impresario rouvrit la salle Ventadour le 7 octobre 1873. Il avait pour associé, dans cette campagne artistique, le directeur des théâtres italiens de Saint-Pétersbourg et de Moscou, M. Merelli (1).

On espérait que l'ancien maître de la Patti saurait la ramener. D'autres étoiles de moindre grandeur se présentèrent pour nous la faire oublier. On vit débuter à Ventadour Mlle Belval, fille de l'artiste qui chanta si longtemps à l'Opéra ; de Belocca, venue en droite ligne de Moscou, sa patrie ; Heilbron, Donadio ; les ténors Devilliers, Gilandi, Debassini, Genevoix, Benfratelli ; les barytons Padilla et Barré. Delle Sedie, Zucchini, Mlle Krauss, reparaissaient sur ce théâtre témoin de leurs éclatants triomphes.

1874
Mais un événement imprévu vint troubler la gestion de MM. Strakosch et Merelli. L'incendie de la salle Le Peletier amenait, pour une période dont on ne pouvait prévoir la durée, le Grand-Opéra à partager le logis du Théâtre-Italien. M. Halanzier, directeur de l'Académie nationale de musique, trouvait à Ventadour, avec une salle magnifique et bien située, des aménagements commodes, un grand foyer pour les études de la danse ; il s'y installa dans les premiers jours de janvier 1874. Jusqu'à la fin de la saison italienne, les deux théâtres marchèrent côte à côte, chacun ayant ses jours habituels de représentation. Il nous a paru intéressant, dans cette énumération rapide des faits accomplis à la salle Ventadour, de mettre sous les yeux du lecteur le tableau suivant des ouvrages donnés durant cette période par l'Opéra français et le Théâtre-Italien.

(1) Premier chef d'orchestre, M. Vianesi ; deuxième, M. Accursi ; secrétaire général, M. Achille Denis ; secrétaire particulier, M. Émile Badoche.

OPÉRA	ITALIENS
Les lundis, mercredis et vendredis.	Les mardis, jeudis et samedis.

1re semaine
(Du 19 au 25 janvier).

Don Juan (MM. Faure, Villaret, Gailhard, Caron, Gaspard, Mmes Gueymard, Berthe Thibault, Ferrucci. — Danse, Mmes Beaugrand, Fonta, Méraute, Marquet, Parent, Fatou, Pallier, Sanlaville, Piron, Lamy, Valain, Stoïkoff, Lapy, Montaubry, Bussy).

Cenerentola (MM. Debassini, Delle Sedie, Zucchini, Mmes Belocca, de Bogdani, Praldi);
Lucia di Lammermoor (Mlle Heilbron, MM. Devillier, Padilla, Fiorini).

2e semaine
(26 janvier-1er février).

La Favorite (MM. Faure, Bosquin, Belval, Hayet, Mmes Bloch, Arnaud).

Il Barbiere (Mlle Belocca, MM. Debassini, Delle Sedie, Zucchini);
La Traviata (MM. Devillier, Delle Sedie, Tagliafico, Mlle Heilbron);
Il Trovatore (MM. Devillier, Padilla, Tagliafico, Mmes Brambilla, Teoni).

3e semaine
(2-8 février).

Faust (Mmes Fidès Devriès, Arnaud, Nivet-Grenier, MM. Léon Achard, Gailhard, Caron).

Cenerentola; **le Astuzie femminili** de Cimarosa. (Première représentation le jeudi 5 février, par MM. Debassini, Zucchini, Fiorini, Mmes Brambilla, de Bogdani, Praldi).

4e semaine
(9-15 février).

Faust, Don Juan, la Favorite. Dimanche 15 février, *Faust.*

Cenerentola, le Astuzie femminili.

5e semaine
(16-22 février).

La Favorite, **Guillaume Tell** (MM. Villaret, Faure, Belval, Bataille, Grisy, Sapin, Gaspard, Auguez, Mmes F. Devriès, Arnaud, Nivet-Grenier).

Le Astuzie femminili, la Traviata.

6e semaine
(23 février-1er mars).

Guillaume Tell.

La Traviata; **Don Pasquale** (Mlle Belval, MM. Zucchini, Benfratelli, Padilla).

Guillaume Tell.
Dimanche 8, **le Trouvère** (MM. Sylva, Caron, Ponsard, Sapin, Mmes Gueymard, Bloch, Hustache), et **Diavolina** ballet-pantomime. en un acte, de Saint-Léon, musique de Pugni (Mmes Beaugrand, Marquet, Aline, Montaubry, MM. Mérante, Berthier, Cornet, Pluque, Friant, Ponçot, F. Mérante).

Il Trovatore ; **Semiramide** (Mlles Belval et de Belocca, MM. Padilla, Fiorini, Benfratelli).

Guillaume Tell.

Semiramide.

Guillaume Tell, Faust, la Favorite.

Semiramide, la Traviata.

Lundi 23, centième représentation d'**Hamlet**, de M. Ambroise Thomas, annoncée rue Le Peletier pour le 30 octobre 1873, empêchée par le sinistre du 29. Distribution : Hamlet, Faure ; le Roi, Belval ; Laërte, Bosquin ; le Spectre, Bataille ; Marcellus, Grisy ; Horatio, Gaspard ; Polonius, Fréret ; fossoyeurs, Auguez et Mermand ; Ophélie, Mlle Devriès ; la Reine, Mme Gueymard. Pantomime : Mme Marquet, M. Rémond, Cornet, Pluque. Danses du 4ᵉ acte, Fête du Printemps : MM. Rémond et Friand, Mmes Beaugrand, Fiocre, etc.).
Mercredi 25 et vendredi 27, 101ᵉ et 102ᵉ représentations d'*Hamlet.*
Dimanche, 29, *Faust.*

Lucia di Lammermoor, Semiramide, **la Sonnambula** (MM. Brignoli, Fiorini, Mlle Donadio).

Hamlet.

Concerts spirituels : **Messe solennelle** et **Stabat Mater** de Rossini, par tous les artistes.

Hamlet.
Dimanche 12, *Faust.*

Semiramide, la Traviata.

13ᵉ semaine
(13-19 avril).

Hamlet, pour les deux dernières représentations de Mlle Fidès Devriès ; *Guillaume Tell,* avec Mlle Jeanne Fouquet (début) dans le rôle de Mathilde.

Il Trovatore, Semiramide, Lucia di Lammermoor.

14ᵉ semaine
(20-26 avril).

Guillaume Tell, Don Juan.

Semiramide, **Rigoletto** (MM. Devilliers et Delle Sedie, Mmes Belval et Teoni).

15ᵉ semaine
(27 avril-3 mai).

Don Juan, la Favorite.

Semiramide, la Traviata.

16ᵉ semaine
(4-10 mai).

Guillaume Tell, Don Juan, Faust.

Il Barbiere di Siviglia, 4ᵉ acte de **Romeo e Giulietta** de Vaccai (Mmes de Belocca, Donadio). — Clôture.

La direction Strakosch devait rouvrir le Théâtre-Italien pour une seule soirée. Le dimanche 2 juin, un grand concert était donné au profit d'une œuvre de charité. On y entendait Mlles de Belocca et Donadio, MM. Devilliers, Fiorini, Delle Sedie, et des fragments de *la Coupe et les Lèvres,* opéra inédit du prince de Polignac, chantés par Mlle Heilbron et les chœurs. Recette : dix mille francs. Puis, la subvention était retirée au Théâtre-Italien. Privés de ce secours, les directeurs se reconnurent impuissants à lutter contre la concurrence des théâtres étrangers : Saint-Pétersbourg, notamment, engageait la Patti à des conditions tellement phénoménales qu'il devenait impossible au Théâtre-Italien de Paris de suivre, même de loin, ce courant de surenchères. M. Strakosch demanda à résilier le bail passé avec les propriétaires de la salle Ventadour.

Débarrassé de son frère siamois, l'Opéra songe à remonter les chefs-d'œuvre de Meyerbeer. De brillantes et fructueuses représentations des *Huguenots* eurent lieu, où l'on vit débuter Mlle Belval dans le rôle de la Reine, tandis que son père jouait Marcel, Mme Gueymard Valentine, MM. Villaret, Lassalle

1874

et Gailhard, Raoul, Nevers et Saint-Bris. Puis on donne *Coppélia*, avec Mlle Beaugrand pour étoile, et, pour la rentrée de Mme Sangalli, *la Source*.

Le mercredi 15 juillet, première représentation de *l'Esclave*, grand opéra en cinq actes, paroles de MM. Ed. Foussier et Got, musique de M. Edmond Membrée, joué par Mmes Mauduit et Écarlat-Geismar, MM. Sylva, Lassalle, Gailhard, bientôt suppléé par M. Menu, et Bataille; danse : M. Mérante au lieu de Mlle Fiocre indisposée, Mmes Beaugrand, Montaubry, Pallier, etc.

Le mercredi 2 septembre, reprise de *Robert le Diable*, avec M. Vergnet (début) dans le rôle de Raimbaud; les autres artistes étaient Mlle Mauduit, que Mlle Fouquet remplaçait dans *l'Esclave*, M. et Mlle Belval, M. Sylva. Danse : Mlles Laure Fonta, Parent, Fatou.

Le 27 septembre, représentation au bénéfice de Déjazet, où paraissent tous les acteurs célèbres de Paris, et qui produit une recette de cinquante-trois mille francs.

Dimanche 11 octobre, dans une représentation de gala au profit des Alsaciens-Lorrains, la Patti chante le rôle de Valentine des *Huguenots;* recette, trente-neuf mille francs. L'épreuve se répète le mercredi suivant, et est suivie de deux représentations de *Faust*, avec l'illustre *prima donna* pour Marguerite.

Rentrée de MM. Faure dans *Guillaume Tell*, et Léon Achard dans Raoul des *Huguenots;* débuts de MM. Manoury dans *la Favorite* (Alphonse), Mierzwinski dans *les Huguenots* (Raoul); de Mlle Lory dans la Zerline de *Don Juan*, de Mlle Daram dans le page des *Huguenots*, de Mme Fursch-Madier dans la Marguerite de *Faust*.

Le 30 décembre, l'Opéra déménage pour aller prendre possession du fastueux édifice élevé pour lui par M. Garnier; mais la salle Ventadour ne demeure pas déserte pour cela. Depuis le départ de M. Strakosch, une autre administration s'était installée à sa place. Un arrêté ministériel du 31 août avait nommé Bagier directeur du « Troisième Théâtre-Lyrique français ». Cette nouvelle institution devait recevoir une subvention de cent mille francs, à la charge de donner par an deux cent trente représentations d'opéras ou opéras-comiques français. C'est ce que Bagier promettait de faire, réservant à cette destination les soirées des lundis, mercredis, vendredis et dimanches. Mais, à côté de ce théâtre national, il voulait entretenir un Opéra italien, qui aurait conservé la tradition des mardis, jeudis et samedis. Détail curieux, ce qu'on annonçait pour ces jours-là, c'était beaucoup moins des partitions italiennes que des ouvrages français et allemands traduits en italien : le jeudi spécialement serait, disait-on, réservé aux traductions du français. Toute cette laborieuse machine devait être mise en train le 1er janvier 1875. Jusqu'à cette date, les clauses du bail de M. Halanzier n'autorisaient, en dehors des jours d'opéra, que des représentations italiennes. C'est donc par là que M. Bagier, dans sa hâte de s'emparer de la salle Ventadour, commença son exploitation.

Ouverte le 10 octobre par *Lucrezia Borgia,* la saison se continua avec le répertoire connu, *la Traviata, il Trovatore, Un ballo in maschera, Otello,* chantés, sous la direction du chef d'orchestre Vianesi, par Mme Pozzoni et son mari le ténor Anastasi, Mmes Lamare, Ormeni, Varni, Sbolgi, Morio, Sebel, Godefroid, MM. Romani, Soto, Mercuriali, Verati, Rinaldi, Padilla, Giraudet, Lepers, Fernando.

Il est facile de voir que plusieurs de ces artistes étaient à deux fins, et destinés à paraître dans les représentations françaises. La troupe du Troisième Théâtre-Lyrique se complétait ainsi : MM. Jourdan, Prunet, Nicot, Brion d'Orgeval, Troy, Mmes Mélanie Reboux, Sablairolles, Crapelet, Vidal, Leavington, etc. Chef d'orchestre M. Constantin, suppléé par M. Maton (1). Malgré tout, on ne fut pas prêt le 1er janvier ; ce fut le 12 seulement que put être donné *le Freyschütz,* tandis que l'Opéra-Italien continuait sa carrière avec *Norma* (Mmes Lafon et Martini) et *Don Pasquale* (Mlle Rafaela Ronzi). Malheureusement *le Freyschütz* était monté de façon si incomplète et si insuffisante que le ministère ne crut pas pouvoir délivrer la subvention promise au Théâtre-Lyrique. Bagier succomba après cinq lamentables représentations du chef-d'œuvre de Weber.

§ 4. — *Concerts, auditions, représentations diverses.*

Période triste s'il en fut ! Abandonné, fermé et comme en deuil, le Théâtre-Ventadour pleure sa gloire passée. C'est à

---

(1) M. Portehaut, violon-solo, était second chef d'orchestre, M. Leroy directeur de la scène et M. Raoul Pugno chef des chœurs, tant pour les représentations françaises que pour l'opéra italien.

peine si de rares auditions musicales ou quelque représentation dramatique viennent de temps à autre réchauffer l'atmosphère de ce désert glacé. Voici, par ordre de dates, la liste de ces diverses séances.

16 mars 1875. — *Rédemption*, poème symphonique, paroles de M. Ed. Blau, musique de M. César Franck ; *soli* par Mmes Fursch-Madier et Crapelet, MM. Coppel et Guillien ; orchestre et chœur (ancienne Société Bourgault-Ducoudray), sous la direction de l'auteur ;

30 mars. — *La Forêt*, poème et musique de Mme de Grandval, chantée par Mme de Caters, M. Manoury et la Société Chevé, précédée d'un concerto pour violon, du même auteur, joué par M. Marsick ; orchestre dirigé par M. Danbé ;

6 avril. — Concert de M. Réményi, violoniste ;

7 avril. — *Une noce russe au seizième siècle*, pièce en cinq actes, de M. Soukhonine, jouée par la troupe du théâtre national de Moscou ; entr'actes et intermèdes musicaux de la composition de M. Dütsch, chef d'orchestre. « Après onze représentations, dont une donnée au bénéfice des pauvres, la troupe de Moscou quittait Paris, laissant aux mains des propriétaires de la salle Ventadour, en garantie des loyers non payés, les costumes et la plus grande partie des accessoires qui avaient été universellement admirés pour leur richesse et leur originalité. Une jeune élève du Conservatoire de Moscou, Mlle Talanova, dont la voix de contralto, d'une puissance et d'une sonorité étonnantes, avait été le succès de la première soirée, emportait la meilleure part des applaudissements du public de notre capitale (1). »

4 mai. — *La Tour de Babel*, poème biblique de Rodenberg, traduit par Victor Wilder, musique d'Antoine Rubinstein, exécuté sous la direction de M. Danbé, avec le concours de la Société Chevé et de MM. Coppel, Émile Louis, Ponsard. L'incomparable pianiste fait entendre dans la même séance son 5e concerto (en *mi bémol*) avec l'orchestre Danbé ; son 4e trio (en *la* mineur) pour piano, violon et violoncelle, avec MM. Armingaud et Jacquard ; enfin un certain nombre de pièces pour piano seul.

---

(1) Ed. Noël et E. Stoullig, *Annales du théâtre et de la musique*, 1re année.

18 mai. — Au profit des Alsaciens-Lorrains, *Christophe Colomb*, de Félicien David, déjà exécuté plusieurs fois à la salle Herz par l'orchestre Danbé, la Société Chevé, Mme Barthe-Banderali, MM. Coppel et Manoury.

Notons pour mémoire quelques représentations données, sous la direction de M. Ballande, d'une pièce jouée quelque temps auparavant aux matinées littéraires de la Porte-Saint-Martin : *le Talon d'Achille*, trois actes en vers, de Mme la comtesse Pilté. On y joignit *le Médecin malgré lui*, avec Eug. Provost dans le rôle de Sganarelle, et *l'Anglais* de Patrat, joué deux fois. Ces *représentations d'été* durèrent du 20 mai au 6 juin.

§ 5. — *Représentations d'Ernest Rossi. — Direction Escudier : Théâtre-Italien, Théâtre-Lyrique.*

Le 20 octobre 1875, le Théâtre-Ventadour se rouvrait à une exploitation régulière. Un artiste dont le nom s'est déjà rencontré dans cette histoire, nous revenait avec un talent mûr et une réputation universelle. M. Ernesto Rossi loua la salle Ventadour pour quelques mois, et convia le public à des représentations dramatiques italiennes. Le succès artistique fut très grand. C'est le théâtre de Shakespeare qui fit presque tous les frais du répertoire : l'éminent tragédien donna dix-huit représentations d'*Otello*, seize d'*Hamlet*, sept de *Macbeth*, quatre du *Roi Lear*, neuf de *Romeo e Giulietta*. Il joua aussi *Kean*, d'Alexandre Dumas, et *Nerone*, comédie dramatique de M. Pietro Cossa ; Mmes Gleck-Paretti et Cattaneo se firent applaudir près de lui dans cette dernière pièce.

Le 13 décembre une représentation extraordinaire avait lieu, à laquelle Rossi, malgré un deuil récent, prêtait son concours. Organisée au bénéfice d'Édouard Plouvier par M. Saint-Germain, elle donna occasion de faire connaître une comédie inédite de Plouvier : *Un grand homme*, qui fut jouée par MM. Saint-Germain, Doria, Mmes Bartet, A. Gérard.

Le 13 février 1876, soirée de bienfaisance, où après une conférence de M. Monselet, on applaudit Mmes Frezzolini, Valli, Juliette Girard, MM. Maurel, Devilliers, Vairo, E. Rossi,

Kowalski, Ernest Nathan, A. Guilmant, Maton, Uzès, de Boisjolin.

Le 26 février, représentation sous le patronage de la colonie américaine résidant à Paris. M. Rossi y joue le cinquième acte de *Ruy Blas;* Mlle Ricini, MM. Reményi et Delle Sedie lui apportent le concours de leur talent. Le 29, Rossi fait ses adieux au public parisien, et M. Paul Deshayes récite une ode en son honneur, signée Catulle Mendès.

Il n'est guère utile de parler d'un essai malencontreux de résurrection du Théâtre-Italien fait en novembre 1875 sous la direction d'un sieur Enrico. Au bout de deux jours, les représentations de *Rigoletto* cessèrent par suite de l'opposition des ayants droit. Parmi ceux-ci figurait M. Léon Escudier, éditeur de musique, qui lui-même avait loué la salle Ventadour pour le printemps suivant, avec l'intention de faire entendre au public parisien les dernières œuvres de Verdi.

Mais entre le moment où Rossi quittait Ventadour et celui où M. Escudier en prenait possession, il faut noter deux faits assez importants :

1° Le 22 mars 1876, représentation au bénéfice d'une artiste. Y prennent part Mlle Marimon, Mmes Théo, Gabrielle Moisset, Formi, Dolfus, Elise Hess, MM. Devilliers, Delle Sedie, Nozzès, violoniste hongrois, Kowalski, Berthelier, Mercuriali. Première représentation de *Josepha,* comédie en un acte. La soirée se termine avec *Pourquoi?* joué par les artistes du Vaudeville.

2° Le 28 mars, concert de H. Wieniawski. M. Henri Vieuxtemps est au pupitre du chef d'orchestre, et après l'exécution de son cinquième concerto (en *la* mineur) par le violoniste polonais, une chaleureuse ovation se produit, confondant l'auteur et l'interprète. Une cantatrice d'origine russe, et dont le nom devait bientôt devenir familier et sympathique au public parisien, débute ce jour-là : c'est Mme Engally, élève de Roger.

Le 20 avril avait lieu la répétition générale, et le 22 la première représentation d'*Aida.* Depuis un mois, le maestro surveillait les études ; il dirigea lui-même l'exécution. Succès complet pour l'auteur et pour ses interprètes, Mmes Teresina Stolz (Aïda), Marie Waldmann (Amneris), Armandi (une prêtresse), MM. Masini (Radamès), Pandolfini (Amonasro), Medini (Ramfis), Edoardo de Reszké (le roi). La mise en scène

était soignée, quoique les costumes fussent d'un brillant 1876
excessif et les décors de ton un peu criard (1).

Le 30 mai était donné le *Requiem* en l'honneur de Manzoni,
avec Mmes Stolz et Waldmann, MM. Masini, Medini et des
masses nombreuses (230 exécutants), sous la direction de
Verdi. Mais cette œuvre religieuse, que le public avait eu
occasion d'entendre les années précédentes à l'Opéra-Comique,
n'attira pas la foule. Après trois auditions du *Requiem*, on
revint à *Aida*, qui tint l'affiche jusqu'au 20 juin, jour de la
clôture.

Le 6, dans la journée, un public de critiques et d'artistes
avait été convoqué, par lettres d'invitation, à entendre et
applaudir un quatuor pour instruments à cordes écrit par l'auteur du *Trovatore*. L'œuvre était extrèmement curieuse, les
exécutants de première force : c'étaient MM. Sivori, Paul
Viardot, Marsick et Delsart.

La saison se rouvrait le 6 octobre avec *la Forza del Destino* (2), qui fut jouée six fois. Le 14 novembre, on se rabat-
tait sur *Aida*, la pièce de résistance du répertoire. C'est
Mlle Teresina Singer qui, cette fois, représentait la fille des
Pharaons. Mme Gueymard jouait Amneris, et céda bientôt
la place à une cantatrice espagnole admirablement douée,
Mlle Elena Sanz. MM. Pandolfini, Nanetti, de Reszké, tenaient
toujours leurs rôles du premier soir; dans celui de Radamès,
on vit défiler tour à tour les ténors Carpi, Nicolini, Clodiö,
jusqu'à ce qu'il fût enfin repris par M. Masini.

Poliuto, il Trovatore, il Barbiere, interrompent de temps à 1877
autre les représentations d'*Aida*. Le 6 janvier 1877 ramène

---

(1) Pour subvenir aux frais que lui imposait la mise à la scène
d'ouvrages nouveaux, interprétés par une troupe *di primo cartello*,
M. Escudier avait notablement élevé le prix des places. Le tarif
était ainsi fixé pour la saison 1876 : avant-scènes du rez-de-chaussée, entresol et premières, 30 fr. la place ; loges du rez-de-chaussée,
de premières, fauteuils d'orchestre et de balcon, 25 francs ; avant-
scènes des deuxièmes loges, 20 francs ; deuxièmes loges, 15 francs ;
loges et galeries des troisièmes, 10 francs ; des quatrièmes, 6 francs;
amphithéâtre des cinquièmes et loges d'amphithéâtre, 4 francs. —
Les prix étaient les mêmes pour les places prises par abonnement
ou en location.

(2) Distribution : MM. Aramburo, Pandolfini, Nanetti, Giovanni
de Reszké, Mlle Erminia Borghi-Mamo.

Mlle Albani et son répertoire : *Lucia, Rigoletto, la Sonnambula, Linda.*

Dimanche 4 février, matinée extraordinaire au profit de la caisse de retraites et de secours de la Société des anciens militaires, par les artistes de l'Opéra, de l'Opéra-Comique, de la Comédie-Française, des Italiens ; — vendredi 9, autre matinée, organisée par M. Edmond Neukomm au bénéfice de la souscription pour élever un monument à Déjazet : ouverture de M. P. Lacome ; conférence de M. de Lapommeraye ; *Virginie Déjazet*, poésie inédite de M. Emile Bergerat, lue par M. Anatole Lionnet ; Mlle Rosine Bloch, MM. Reményi, Manoury, etc. ; — le mardi gras, 13 février, représentation du *Barbier* avec un fragment de *la Forza del Destino* ; quelques jours après, même programme avec le concours de M. Sivori ; — le 18 février, représentation de retraite de M. Augustin Vizentini, fils de celui que nous avons vu à l'Opéra-Comique vers 1830 : *le Maître de chapelle*, le second acte de *Paul et Virginie*, *Martha*, ballet anglais par les artistes du Théâtre-Lyrique ; *l'Eté de la Saint-Martin*, par les artistes de la Comédie-Française ; *les Deux Aveugles*, par MM. Capoul, Christian et Laferrière ; *les Rendez-vous bourgeois* travestis ; imitations par M. Fusier ; — 3 mars, faible représentation de *Don Giovanni* ; — 10 mars, rentrée de Mlle Heilbron dans *la Traviata* ; — 11 mars, représentation extraordinaire : Mlle Marie Vannoy, MM. Manoury, Angelo, Fugère, Lalliet ; *le Péage*, de M. Robert Planquette, joué par Mme Théo et M. Simon-Max ; — lundi 12, représentation au bénéfice de Mme Augusta Colas, ancienne artiste blessée au plateau d'Avron pendant la guerre et portée sur la liste des promotions dans la Légion d'honneur : *la Chanson de l'Aubépin*, opéra comique en un acte, de Mme Amélie Perronnet ; *Perfide comme l'onde*, joué par les artistes du Vaudeville ; — 25 mars, au profit des ouvriers lyonnais : conférence de M. Francisque Sarcey ; *la Robe de soie*, poésie de M. Paul Demeny, dite par M. Dupont-Vernon ; *les Ouvriers*, par les artistes de la Comédie-Française ; intermède avec Mme Brunet-Lafleur, Marie Tayau, Favart et Jeanne Samary, MM. Salomon et Lassalle ; enfin *le Roman chez la portière*, avec MM. Milher et Luco ; — 29 et 31 mars, jeudi et samedi saints, concerts spirituels : airs de *Teodora*, de Händel, et du *Christ au Mont des Oliviers*, par Mlle Albani ; *Prière de Moïse*, sur la quatrième corde, par M. Sivori ; *Requiem* de Verdi ; — 10 avril, soirée d'adieux de Mlle Albani, et exécution d'une *Ouverture napolitaine* de M. Muzio, chef d'orchestre ; — quelques jours après, vif succès de Mlle Borghi-Mamo dans *il Trovatore* ; débuts de Mmes Zagury-Harris, Zina Dalti, de MM. Gilandi, Napoleone Gnone, Nouvelli ; — 23 avril, concert de bienfaisance, où Mlle E. Adaïewska se produit à la fois comme virtuose et comme compositeur (fragments d'un oratorio de *Noël* et d'un opéra russe intitulé *Neprigojaïa* [*la Laide*]) ; — 29 avril, clôture.

Durant les mois d'été, la salle Ventadour s'ouvrait pour un concert du jeune violoniste Dengrémont (3 mai), pour une première soirée au bénéfice de Mlle Rousseil (17 mai) (1), et une seconde, organisée par M. Auguste Vitu en faveur des blessés de la guerre turco-russe (28 août).

A la fin du mois d'octobre, la direction du Théâtre-Italien faisait afficher le tableau de sa troupe pour la saison 1877-78. Voici quelle était la liste officielle des artistes engagés par M. Escudier :

Soprani : Mmes Albani, Alice Urban, Amalia Fossa, Zagury-Harris, de Martini (début), Rosina Isidor, de Gallenitchef-Koutouzof (en italien Nordi), Maria Litta (début), élève de Mme de Lagrange.

Contralti : Mmes Elena Sanz, d'Yven (début), élève de Mme Viardot.

Second soprano : Mme Vestri.

Ténors : MM. Tamberlick, Corsi (Achille), Nouvelli, Devilliers, Ramini, Gassi (début), Capoul.

Barytons : MM. Pandolfini, Verger, Pantaleoni, Orbani (début).

Basses : MM. Nanetti, Ed. de Reszké.

Basse bouffe : M. Giov. Marchisio.

Chef d'orchestre : M. Usiglio.

Régisseur général : M. Vanhamme.

Musique militaire, directeur : M. Maury.

Second chef d'orchestre : M. Portehaut.

Chef des chœurs : M. Steenman.

Accompagnateur : M. Erhard.

Peintre décorateur : M. Capelli.

---

(1) On y donna la première représentation de *la Perle*, comédie en un acte et en vers de M. Théodore de Banville.

Comme répertoire, on promettait à Ventadour *Semiramide*, *Otello*, *le Barbier*, *Norma*, *I Puritani*, *la Sonnambula*, *Poliuto*, *Lucia*, *Linda*, *Lucrezia Borgia*, *Don Pasquale*, *l'Elisire d'amore*, *Don Giovanni*, *le Nozze di Figaro*, les ouvrages de Verdi anciens et récents, et trois nouveautés : *Zilia*, de M. Gaspar Villate, *Néron*, d'Ant. Rubinstein, *Aurelia*, de M. de Flotow.

1877
à
1878

La salle était redorée et mise à neuf. Voici quels furent l'ordre et la marche des représentations :

Poliuto, avec Tamberlick dans le principal rôle, fut joué deux fois.

Il Trovatore, donné au mois de novembre dans une soirée de gala en l'honneur du général Grant, avec Tamberlick, Verger, Mmes Urban et Sanz, fut repris pour la rentrée de Mme Maria Durand et pour les débuts de Mme Salvini et du ténor Cappelletti. Un peintre paysagiste assez connu, M. Paul Vernon, y parut aussi dans le rôle de Manrique. En tout, sept représentations.

Lucia di Lammermoor atteignit le chiffre de quinze représentations ; *la Sonnambula* fut jouée huit fois.

Après une apparition de Tamberlick dans *Otello*, où Mme Sonieri remplit le rôle de Desdemona, *Zilia* fut donnée le 1er décembre et jouée en tout quatre fois. Puis vinrent *Rigoletto* (huit rep.), *Aida* (vingt-cinq), *la Traviata* (dix-sept), *Ernani* (cinq), *Linda* et *il Barbiere* (chacun une), *Marta* (trois), et *Norma* avec Mme Maria Durand (deux).

A ces ouvrages connus vint s'ajouter *Alma l'incantatrice*, opéra en quatre actes de Henri de Saint-Georges, traduit par M. de Lauzières, musique de M. de Flotow, joué le 9 avril 1878 par Mmes Albani et Sanz, MM. Nouvelli, Ramini, Verger.

Au total, la saison de 1877-78 donna lieu à cent trois représentations, que l'on peut ainsi départir :

Deux nouveautés, jouées chacune quatre fois ;

Ancien répertoire, trente représentations. (Remarquons que dans ce chiffre la *Lucia* compte pour la moitié, et que Rossini n'a que quatre représentations pour deux ouvrages.)

Soixante-deux représentations des œuvres de Verdi, et trois de *Marta*.

Ces chiffres nous paraissent instructifs. En voici qui ne le sont pas moins. Nous les trouvons dans les *Annales* de MM. Noël et Stoullig : ce sont les sommes payées par M. Escudier à ses principaux pensionnaires pendant cette même saison.

Mlle Albani, à raison de 3,500 francs par représentation, a reçu............................. Fr. 110.000

Mlle Sanz, à raison de 8,600 francs par mois....   46.000

Mme Durand, à raison de 10,000 francs par mois.   30.000

M. Pandolfini, à raison de 8,000 francs par mois.   50.000

    Total, pour quatre artistes seulement.... Fr. 236.000

De plus en plus, le Théâtre-Italien devenait impossible ;
la saison que nous venons de raconter devait être la dernière. Mais avant de suivre la direction de ce théâtre dans ses
transformations, il nous faut un instant revenir sur nos pas
pour le récit de quelques faits étrangers à l'exploitation de
l'opéra italien.

Du 3 au 16 décembre 1877 et du 7 au 25 janvier 1878, le
tragédien Salvini donne à Ventadour deux séries de représentations avec le répertoire suivant : *Otello, Hamlet, Macbeth, Il
Figlio delle selve, la Morte civile*, de Giacometti, *il Gladiatore*,
d'après Soumet.

Le 3 février 1878, représentation extraordinaire au bénéfice
des blessés de la guerre d'Orient. Programme : *les Incendiés
de Massoulard*, un acte de M. Paul Ferrier ; *Parthénice*, un acte
de M. Moreau ; troisième acte du *Club* de M. Gondinet, au
foyer du théâtre, où avait lieu une vente de charité ; second
acte de *la Fille de Mme Angot*, avec la distribution suivante :
Clairette, Mme Galli-Marié ; Mlle Lange, Mme Peschard ;
Pomponnet, M. Daubray ; Ange Pitou, M. Capoul ; la Rivau-
dière, M. Christian ; Louchard, M. Gailhard ; un officier,
M. Vauthier ; Cydalise, Mlle Samary ; autres personnages secondaires, Mmes Bianca, Legault, Pierson, Massin ; conspi-
rateurs, MM. Nicot, Engel, Stéphane, Barré, Morlet, Giraudet,
Saint-Germain, Grivot, Brasseur, Berthelier, Léonce, Lassou-
che, etc. Le concert chez Mlle Lange comprenait un magnifique intermède littéraire et musical. La recette s'éleva à plus
de cinquante mille francs.

Le 18 mars, concert donné par M. Camille Saint-Saëns
dans le but de faire connaître les œuvres de Liszt : *Bruits
de fête* (n° 7 des Poèmes symphoniques) ; *la Divine Comédie*,
symphonie en deux parties ; fragments de *Christus*, oratorio ;
Gretchen, andante de la symphonie *Faust* ; rapsodie en *sol*.

20 mars, soirée dramatique organisée par Mlle Marie Dumas.
Premières représentations de *Un amour de high-life*, un acte

1877 à 1878

de M. Stell, et *Masques et Bouffons*, avec MM. Coquelin cadet, Perrin, Mmes G. Ollivier et Dumas.

Deux représentations données avec le concours de la *Estudiantina* espagnole venue à Paris durant le carnaval, et un concert donné le 23 juin par une troupe de guitaristes du même pays, et c'est tout. Le Théâtre-Italien ferme ses portes le 28 juin.

Le Théâtre-Lyrique lui succède. Depuis plusieurs mois, M. Escudier était officiellement directeur de ce théâtre. Il s'était engagé à donner dans le courant de l'année trois grands ouvrages nouveaux, plus trois auditions, chacune répétée trois fois, d'ouvrages également inédits, sans costumes et sans décors. Chaque opéra joué lui valait une subvention de quarante mille francs, et chaque audition, vingt-cinq mille francs, ce qui faisait à peu près la somme totale de deux cent mille francs votée par les Chambres pour l'encouragement de l'art musical et la réouverture souhaitée du Théâtre-Lyrique. Un comité consultatif était adjoint au directeur ; il se composa de MM. Vaucorbeil, Bazin, Deldevez, Membrée, César Franck.

L'investiture de M. Escudier datait de la fin du mois de mars. Le 18 avril, se fit à Ventadour l'essai des fameuses auditions en habit noir, instituées sur la proposition de M. Antonin Proust, et qui auraient pu rendre d'éminents services à l'art français, si l'œuvre appelée la première à en profiter eût été plus heureusement choisie. *Le Triomphe de la Paix*, ode symphonique de M. Samuel David, avait obtenu une mention au concours ouvert, grâce à l'initiative de M. Herold, alors conseiller municipal, par la Ville de Paris ; mais les qualités qui avaient valu à cette partition la bienveillance du jury restèrent pour le public qui assistait à l'exécution du 18 avril à l'état d'indéchiffrable énigme.

Malgré l'insuccès de ce début, M. Escudier persistait dans son entreprise. Il engagea une troupe française au complet, et le 2 juillet il était prêt à jouer *le Capitaine Fracasse*, opéra-comique en trois actes et six tableaux, de M. Catulle Mendès, d'après Théophile Gautier, musique de M. Émile Pessard (1). L'œuvre fut bien accueillie, mais le passé du Théâtre-Italien

---

(1) Acteurs : MM. Melchissédec, Fromant, Taskin, Paul Ginet, Barrielle, Ernest Martin, Doff, Rémond, Joanny, Pop, Acelly, Poulain, Guyot, Mlles G. Moisset, Vergin, Luigini.

pesait sur le Théâtre-Lyrique. Après onze représentations du *Capitaine Fracasse*, la direction crut mieux faire en donnant *Aïda* en français : car M. Escudier, dans ses conventions avec le ministère, s'était réservé le droit, une fois ses engagements remplis vis-à-vis de l'art français, de jouer toutes les traductions qu'il lui plairait. Nous retrouvons dans *Aïda* Mlle Émilie Ambre, qui avait déjà paru, durant la saison italienne, dans *la Traviata*. Les autres rôles sont remplis par Mlle Bernardi, MM. Nouvelli, Aubert, Ponsard, Queyrel. Mais *Aïda* fut moins heureuse sous sa nouvelle forme, et ne put se soutenir plus de trois soirées. Découragé, fatigué, épuisé, M. Escudier abandonna la partie et donna sa démission.

§ 6. — *Direction Capoul.*

M. Escudier quittait le théâtre en pleines répétitions d'un ouvrage connu depuis plusieurs années et autour duquel une certaine curiosité était éveillée : *les Amants de Vérone*, de M. le marquis d'Ivry. Pour la seconde ou troisième fois, cet opéra allait retomber dans les limbes de l'édition, après avoir été sur le point de voir le jour de la rampe. Heureusement Capoul, engagé au Théâtre-Lyrique pour jouer le rôle de Roméo, s'était épris de son personnage et ne voulut pas abandonner à sa mauvaise fortune le drame lyrique dans lequel il comptait réaliser une création dès longtemps rêvée. Il s'associa avec son ami Gailhard, de l'Opéra, et une troisième personne non artiste, pour devenir directeur du Théâtre-Ventadour. Les études reprises aussitôt avec une fiévreuse activité, *les Amants de Vérone* furent joués le 12 octobre 1878. La pièce, traduite par le compositeur lui-même, suivait assez exactement Shakespeare. La musique avait les qualités françaises : grâce, clarté, justesse d'expression. La mise en scène, les costumes, les décors, témoignaient d'un soin extrême et d'un sens artistique très fin dans l'ensemble et dans les détails. Quant à l'interprétation, elle était absolument supérieure. Capoul, acteur de premier ordre et chanteur élégant dans le rôle de Roméo ; Mlle Heilbron, ravissante et passionnée dans celui de Juliette (1) ; M. Fromant (Mercutio), Taskin (père

1878

---

(1) Mlle Heilbron fut remplacée, le jour de la répétition générale et dans quelques représentations du dimanche, par Mlle Rey, nièce de M. Étienne Rey, chef du chant au Théâtre-Ventadour.

Lorenzo), Dufriche (Capulet), et la nourrice, Mme Lhéritier, constituaient une troupe telle qu'on en voit rarement d'aussi complète.

Les Amants de Vérone tinrent l'affiche du 12 octobre au 15 décembre. A cette dernière date, le public apprit à la fois la fermeture du Théâtre-Ventadour et la vente de l'immeuble à une société financière, à la tête de laquelle on nommait M. de Soubeyran. Le prix indiqué était de trois millions cent quarante mille francs. L'affaire était excellente pour les actionnaires propriétaires de la salle Ventadour. Aussi, malgré de timides résistances et l'expression de quelques regrets isolés, l'assemblée générale devait ratifier le traité conclu par son administrateur et représentant, M. Masson.

1879   C'est ce qui eut lieu le 20 janvier 1879. Neuf jours auparavant, le 11 janvier, la salle Ventadour s'était une dernière fois ouverte à la musique. Cette suprême représentation était donnée au bénéfice des petits employés du théâtre. Elle se composait de *Chez l'Avocat*, *le Serment d'Horace* et un intermède où chantaient, entre autres artistes de talent, M. Bonnehée, Mlles de Belocca, Jenny Howe, Sarah Bonheur.

CONCLUSION

Quand la nouvelle fut répandue que le Théâtre-Ventadour, ce sanctuaire de l'art, allait devenir une halle à valeurs financières, ce fut un long cri de désolation dans Paris. Les salons, les cercles artistiques, les boulevards retentirent de lamentations. Assurément, il est impossible à un artiste de ne pas regretter une salle exceptionnellement belle, élégante et spacieuse, autrefois consacrée à la musique, perdue aujourd'hui pour nous. Et cependant, si l'on veut regarder en arrière et jeter un coup d'œil sur les cinquante années qu'a vécu le Théâtre-Ventadour, on verra que rarement la prospérité s'est assise à sa porte. Il semble au contraire qu'une sorte de fatalité pesât sur cet édifice ; un sort malheureux a ruiné l'une après l'autre toutes les entreprises qui se sont abritées sous son toit. Plus d'une fois, dans le cours de cette histoire, nous avons applaudi au succès artistique ; rarement nous avons eu à constater le succès d'argent. Le Théâtre-Ventadour a été témoin des malheurs de l'Opéra-Comique, alors que celui-ci, soutenu par les talents et la fécondité de Scribe, d'Auber, d'Herold, mettait au jour des chefs-d'œuvre. Il a vu Anténor Joly s'épuiser en efforts inutiles et toujours déçus. Trop souvent les syndics du Tribunal de commerce ont dû apposer leurs scellés sur ses portes ; enfin l'histoire des années 1870 à 1878 n'est-elle pas lamentable à tous égards ? Dans les premiers temps de son existence, on reprochait au Théâtre-Ventadour son isolement, son éloignement des quartiers vivants et populeux. Depuis, le centre de Paris s'est déplacé, les habitudes ont changé, les courants de la population ont pris des directions nouvelles, et Ventadour est resté aussi isolé, aussi lointain. Au milieu d'une place étroite et déserte, dont l'abord n'a rien d'engageant, le théâtre se dresse comme un mausolée ; situé à une assez grande distance des voies les plus fréquentées, il manque de tout ce qui pourrait attirer le promeneur oisif.

Le Théâtre-Ventadour n'avait qu'une chance de vivre avec un certain éclat : c'est d'adopter un genre de spectacle qui lui assurât, dans les classes riches, un nombre suffisant d'abonnés fidèles. Cette condition s'est rencontrée ; encore avons-nous vu passer, de 1841 à 1870, des périodes où l'exploitation devenait difficile, et, dans les dernières de ces vingt-neuf années, il nous a fallu noter une constante dépression de recettes au bout de laquelle on entrevoyait le déficit. Le Théâtre-Italien n'étant plus possible à Paris, du moins sous forme permanente et à l'état d'institution — la fin de cette histoire le prouve assez, — quel théâtre pouvait utiliser le local de Ventadour? Un seul paraissait devoir s'y installer commodément, le Théâtre-Lyrique; malheureusement, cette troisième scène, objet de tant de vœux, ne paraît pas encore près de se fonder.

Il ne nous reste qu'à souhaiter à cette salle, élevée par le dernier des Bourbons en vue du théâtre royal de l'Opéra-Comique, un avenir prospère. Puissent les futures liquidations se solder autrement que les bilans passés ! puisse la *Foncière* s'enrichir où tant de directeurs ont laissé fortune et espérance ! Et si jamais la musique ou la littérature revenaient habiter leur ancienne demeure, cette invasion de la finance, contre laquelle les artistes ont si vivement, mais si inutilement protesté, aura du moins servi à effacer la trace des mécomptes d'autrefois !

TABLE

PARIS. — IMPRIMERIE CHAIX, RUE BERGÈRE, 20, PRÈS DU BOULEVARD MONTMARTRE. — 12292-0

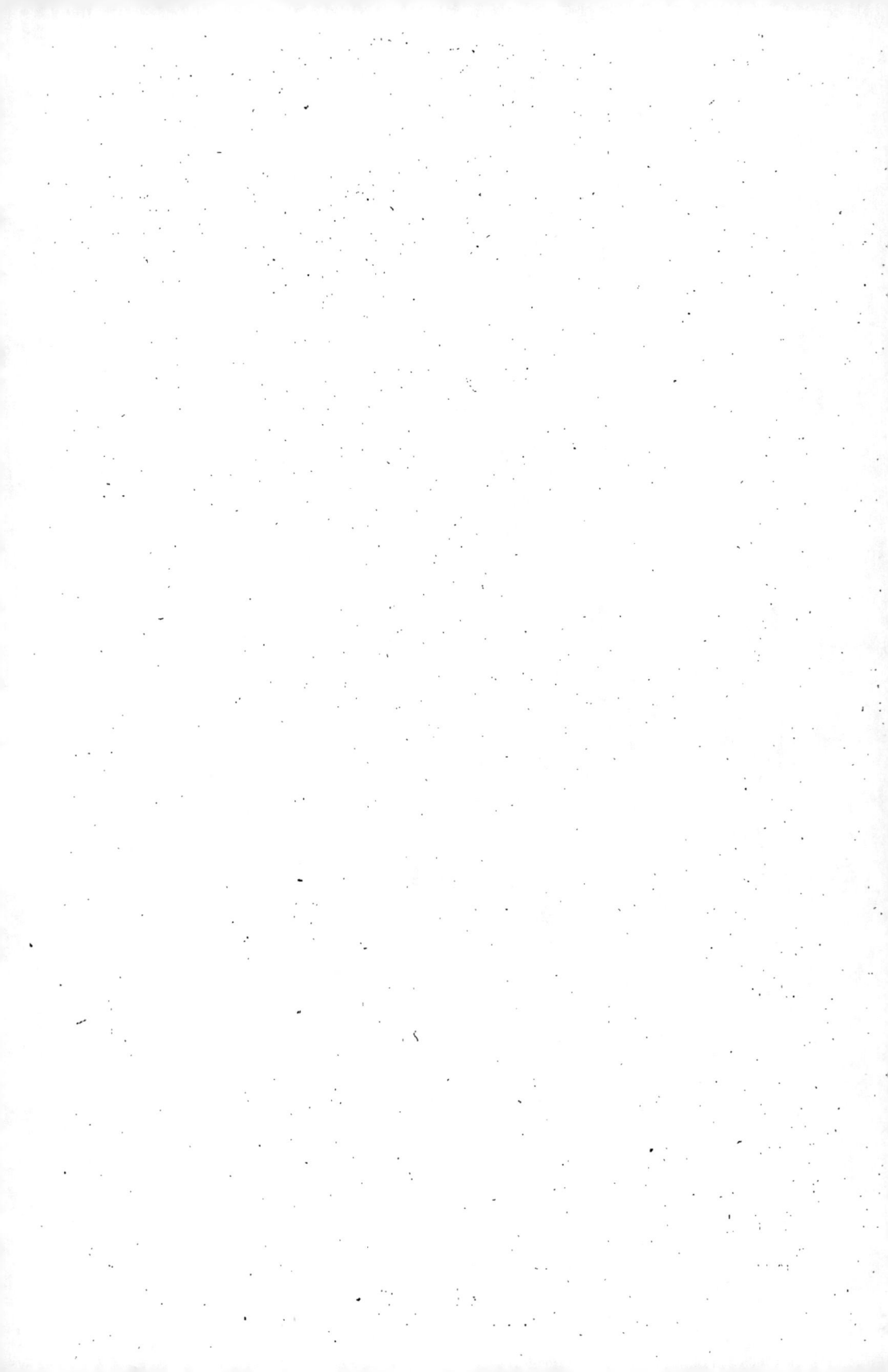

G. FISCHBACHER, ÉDITEUR

33, RUE DE SEINE, A PARIS

EXTRAIT DU CATALOGUE

Histoire de la musique moderne et des musiciens célèbres en Italie, en Allemagne et en France, depuis l'ère chrétienne jusqu'à nos jours, avec un atlas de 22 planches, par F. MARCILLAC. — 2ᵉ édition, 1 volume in-8°. . . . . 8 fr. »

Le Drame musical, par ÉDOUARD SCHURÉ. Tome I : La musique et la poésie dans leur développement historique. Tome II : Richard Wagner, son œuvre et son idée. 2 vol. in-8° — *Cet ouvrage est épuisé.*

Histoire du Lied ou la Chanson populaire en Allemagne, avec une centaine de traductions en vers et 7 mélodies, par ÉDOUARD SCHURÉ. — 2ᵉ édition, 1 volume in-12. . . . . 3 fr. 50

La Musique et le Drame. Étude d'esthétique, par CHARLES BEAUQUIER. — 1 volume in-12. . . . . 3 fr. 50

Du Beau dans la musique, par HANSLICK. — 1 volume in-8°. . . . . . 5 fr. »

Traité de l'expression musicale. Accords, nuances et mouvements dans la musique vocale et instrumentale, par MATHIS LUSSY. — 3ᵉ édition revue et augmentée, 1 vol. grand in-8°. . . . . 7 fr. »

Les Concerts classiques en France, par EUSÈBE LUCAS. 1 volume in-12, avec un frontispice à l'eau-forte. . . . . 4 fr. »

L'Art en province. La Musique à Marseille. Étude de littérature et de critiques musicales, par ALEXIS ROSTAND. — 1 volume in-12. . . . . 2 fr. 50

Clément Marot et le Psautier huguenot. Étude historique, littéraire, musicale et bibliographique, contenant les mélodies primitives des psaumes et des spécimens d'harmonie de Clément Jannequin, Bourgeois, G. Louis, Jambe-de-Fer, Goudimel, Crassot, Sureau, Servin, Rolland de Lattre, Claudin-le-Jeune, Mareschall, Sweelinck, Stobée, etc., par O. DOUEN. — 2 volumes grand in-8°. . . . . 60 »

Eustorg de Beaulieu, poète et musicien (XVIᵉ siècle). Notice biographique et bibliographique, publiée avec la musique de deux chansons, par G. BECKER. — In-18, tiré à 100 exemplaires. . . . . 4 fr. »

Guillaume Guéroult et ses chansons spirituelles (XVIᵉ siècle). Notice biographique et bibliographique, publiée avec la musique de deux chansons, par G. BECKER. — In-18, tiré à 100 exemplaires. . . . . 4 »

Jean Caulery et ses chansons spirituelles (XVIᵉ siècle). Notice bibliographique publiée avec la musique d'une chanson, par G. BECKER. — In-18, tiré à 100 exemplaires. . . . . 4 fr. »

Hubert Waelrant et ses psaumes (XVIᵉ siècle). Notice biographique et bibliographique publiée avec la musique d'un psaume, par G. BECKER. — In-18, tiré à 100 exemplaires . . . . 4 fr. »

Goethe et la musique. Ses jugements, son influence, les œuvres qu'il a inspirées, par ADOLPHE JULIEN. — 1 volume in-12. . . . . 5 fr. »

Un Successeur de Beethoven. Étude sur Robert Schumann, par LÉONCE MESNARD. In-8°. . . . . 2 fr. »

Esquisse sur Richard Wagner, par CHARLES GRANDMOUGIN. — In-8°. 2 fr. »

Frédéric Chopin. De l'interprétation de ses œuvres. Trois conférences faites à Varsovie, par JEAN KLECZYNSKI. — 1 volume in-12. . . . . 2 fr. »

Michel Ivanovitch Glinka d'après ses mémoires et sa correspondance, par OCTAVE FOUQUE. — 1 volume grand in-8°, avec portrait et autographe. . . . . . 3 fr. »

La Musique en Russie, par CÉSAR CUI. — 1 volume grand in-8°. . . 5 fr. »

Les Pianistes célèbres. Silhouettes et médaillons, par A. MARMONTEL, professeur au Conservatoire de Paris. — 1 volume in-12. . . . . 5 fr. »

Symphonistes et Virtuoses. Silhouettes et médaillons, par A. MARMONTEL, professeur au Conservatoire de Paris. — 1 volume in-12. . . . . 5 fr. »

PARIS. — IMPRIMERIE CHAIX, RUE BERGÈRE, 20. — 12294-0.

www.ingramcontent.com/pod-product-compliance
Lightning Source LLC
Chambersburg PA
CBHW060430090426
42733CB00011B/2213